Khalil Gibran
Rebellische Geister

W0227110

W

Khalil Gibran

Rebellische Geister

Geschichten

Walter-Verlag
Olten und Freiburg im Breisgau

الأَرْواحُ المُتَمَرِّدَة

Al Arwāḥ al-mutamarrida
Die Originalausgabe erschien 1908

Die Übersetzung aus dem Arabischen besorgten
Ursula Assaf-Nowak und Simon Yussuf Assaf

Alle Rechte der deutschen Ausgabe vorbehalten
© Walter-Verlag AG, Olten 1983
Gesamtherstellung in den
grafischen Betrieben des Walter-Verlags
Printed in Switzerland

ISBN 3-530-26726-0

Inhalt

Wardat al-Hani
7

Die Schreie der Gräber
29

Das Brautbett
44

Khalil der Abtrünnige
57

Wardat al-Hani

1

Wie unglücklich ist ein Mann, der eine Frau, die er liebte, zu seiner Lebensgefährtin machte, ihr den Schweiß seiner Stirn und das Blut seines Herzens darbrachte, ihr die Früchte seiner Mühen und den Ertrag seines Fleißes zu Füßen legte, und dann eines Tages entdecken muß, daß sie ihr Herz, das er durch die Mühsal des Tages und durch Nachtwachen zu gewinnen versuchte, verschwenderisch an einen anderen Mann verschenkte, den es beglückt und erfüllt!

Und wie unglücklich ist eine Frau, die aus der Unbekümmertheit und Sorglosigkeit ihrer Jugend erwacht und sich dann im Hause eines Mannes befindet, der sie mit Reichtum und Geschenken überhäuft, mit Ehre und Vertrauen umgibt, doch ihr Herz nicht zu entflammen vermag mit dem lebenspendenden Feuer der Liebe und ihren Geist nicht berauschen kann mit dem himmlischen Wein, den Gott aus den Augen des Mannes in das Herz der Frau gießt!

*

Seit meiner Jugend kannte ich Rachid Bey Na'aman. Er war libanesischer Abstammung, in Beirut gebürtig und wohnhaft. Er war der Nachfahre einer alteingesessenen und wohlhabenden Familie, die sich darum bemühte, die Erinnerung an ihren vergangenen Ruhm aufrechtzuerhalten. Mit Vorliebe erzählte er Geschichten, die den Edelmut seiner Väter und Vorväter vor Augen führten; er selbst folgte in seiner Lebensweise ihren Vorstellungen und Idealen und versuchte, ihre Lebensgewohnheiten fortzusetzen; wie sie kleidete er sich nach westlicher Mode mit Frackschößen, die wie Vogelscharen in den Gegenden des Orients herumflatterten.

Rachid Bey hatte ein gutes Herz und einen edlen Charakter. Doch wie die meisten Bewohner Syriens* legte er zu großes Gewicht auf die äußere Erscheinungsform und fragte nicht danach, was sich hinter den Dingen verbirgt. Er hörte nicht auf die leise Melodie seiner Seele, denn seine Sinne waren abgelenkt durch die Stimmen seiner Umgebung. So war er mit Tand und Flitter beschäftigt, die seine Einsicht blendeten und ihm bei der Betrachtung der Geheimnisse des Lebens im Weg standen. Statt aus den verborgenen Kräften des Daseins zu leben, widmete er sich den oberflächlichen Vergnügen.

Diese Charaktereigenschaften und Veranlagungen Rachid Beys waren es auch, die ihn dazu führten, Wardat al-Hani zu heiraten, bevor ihr Herz sich ihm öffnete im Schatten der wahren Liebe, die das Leben eines liebenden Paares zum Leben im Paradies macht.

*

Ich hatte Beirut für einige Jahre verlassen, und als ich dorthin zurückkehrte, stattete ich Rachid Bey einen Besuch ab. Ich fand ihn ungewöhnlich geschwächt und be-

---

* Obwohl Gibran aus dem Libanon stammt und folglich Libanese ist, nennt er seine Heimat gelegentlich «Syrien» und seine Landsleute «Syrer», was nach heutigem Sprachgebrauch unkorrekt und mißverständlich ist. Diese Bezeichnung läßt sich nur aus der Geschichte erklären: Im Jahre 64 n. Chr. wurde die Region östlich des Mittelmeeres, die die Länder Syrien, Libanon und Palästina einschließt, für vier Jahrhunderte römische Provinz; die Römer nannten sie «Provinz Syrien» und unterteilten sie in Syrien/Damaskus, Syrien/Phönizien oder Libanon und Syrien/Palästina. Zu Gibrans Lebzeiten, als sich der Libanon unter osmanischer Herrschaft befand, wurde der Sammelname «Syrien» weiterhin für diese drei Länder benutzt, und das ist der Grund, warum aus dem Libanon stammende Emigranten in Amerika als «Syrer» bezeichnet wurden.

kümmert; Schatten der Schwermut lagen auf seinem Gesicht, und in seinen traurigen Augen erschienen Seufzer, die auf eine leidvolle Erfahrung schließen ließen. Nachdem ich in seiner Umgebung vergeblich nach den Gründen für seine Niedergeschlagenheit gesucht hatte, fragte ich ihn:

Was hat dich nur so verändert, Scheich Rachid? Wo ist das heitere Lächeln geblieben, das stets von deinem Gesicht ausging? Wo ist der Frohsinn, der dich in deiner Jugend immer begleitete? Hat der Tod dir einen guten Freund geraubt, oder haben dir die Nächte das Geld hinweggerafft, das du in den Tagen erworben hast? Sag mir im Namen unserer Freundschaft, was diese Trauer bedeutet, die deine Seele einhüllt, und was die Schwäche, die deinen Körper befallen hat?

Er sah mich mit einem Blick des Bedauerns an, in dem zunächst die Bilder glücklicherer Tage auftauchten und sich dann verflüchtigten. Mit einer Stimme, in der Verzweiflung und Hoffnungslosigkeit mitschwang, sagte er:

Wenn man einen lieben Freund verloren hat und sich in seiner Umgebung ein wenig umschaut, so entdeckt man zahlreiche andere Freunde und sieht sich getröstet, so daß man sein Leid geduldig tragen kann. Und wenn man Geld und Gut verloren hat und ein wenig nachdenkt, so kommt man zu dem Schluß, daß man aufgrund des Fleißes, durch den man zuvor das Geld verdiente, neues erwerben kann, und man sieht sich getröstet.

Doch wenn der Mensch die Ruhe seines Herzens verliert, wo könnte er sie wiederfinden oder wodurch könnte er sie ersetzen?

Der Tod streckt seine Hand aus und schlägt heftig zu – und man leidet unter dem Verlust eines Freundes. Doch kaum sind ein Tag und eine Nacht vergangen, da spürt man die zarte Berührung der Finger des Lebens, und man kann wieder lächeln und wird wieder froh.

Das Schicksal kommt ganz unerwartet zu dir. Es starrt dich mit aufgerissenen Augen an, die dir Furcht einflößen. Mit seinen spitzen Krallen greift es dir an den Hals und wirft dich gewaltsam zu Boden; mit eisernen Füßen trampelt es dich nieder und läßt dich lachend im Stich.

Aber es dauert nicht lange, dann kehrt es zu dir zurück. Es bereut sein Verhalten und bittet dich inständig um Verzeihung. Mit seidenweichen Handflächen richtet es dich wieder auf; es singt dir eine heitere Melodie und stimmt dich froh.

Die Traumbilder der Nacht beschwören Unglück und Elend herauf. Doch beim Anbruch der Morgenröte lösen sich die schrecklichen Bilder auf. Du spürst neue Kräfte in dir und vertraust deiner Hoffnung.

Dein Lebensglück ist wie ein schöner Vogel, den du liebst. Du nährst ihn mit den Körnern deines Herzens und tränkst ihn mit dem Licht deiner Augen. Aus deinen Rippen baust du ihm einen Käfig, und dein Herz ist sein Nest. Und während du diesen Vogel liebevoll betrachtest und seine Federn mit den Strahlen deiner Seele umfängst, entschlüpft er deinen Händen und schwingt sich auf in die Lüfte – bis über die Wolken hinaus; dann kommt er wieder herabgeflogen und hüpft in einen anderen Käfig, in dem er Nahrung findet. Sag mir, was du in dieser Lage tätest und wo du Vergessen und Trost fändest?

Die letzten Worte hatte Rachid Bey mit gebrochener Stimme gesprochen; dann erhob er sich mühsam wie ein Rohr, das im Winde schwankt. Er streckte seine Hände aus, als ob er mit seinen Fingern nach etwas greifen wollte, um es Stück für Stück zu zerreißen. Dabei schoß ihm das Blut in den Kopf, und sein faltiges Gesicht errötete. Einige Minuten starrte er mit weit geöffneten Augen ins Leere, als ob ein Dämon aus dem Nichts vor ihm aufgetaucht wäre, der ihn töten wollte. Dann entspannten sich seine Gesichtszüge unvermittelt; der Zorn und die Wut wichen aus seinem abgezehrten Körper, um nur noch Schmerz und Trauer zurückzulassen.

Er sah mich an und sagte seufzend: Der Grund ist die Frau, die ich aus der Sklaverei der Armut befreite und vor der ich alle meine Schätze öffnete; ich machte sie zur beneidenswertesten Frau, deren kostbarer Schmuck, deren elegante Gewänder und prächtige Karossen, die die edelsten Pferde zogen, allenthalben begehrt und bewundert wurden.

Die Frau, die mein Herz liebte und der meine Seele zugetan war, die ich mit Geschenken und Gaben überhäufte; die Frau, der ich ein aufrichtiger Freund, ein zuverlässiger Begleiter und ein treuer Gemahl war, diese Frau hat mich betrogen und verlassen. Sie ist einem anderen Mann in sein Haus gefolgt, um mit ihm im Schatten bitterer Armut zu leben, mit ihm das Brot der Schande zu teilen und das Wasser, das mit Demütigungen vermischt ist. – Die Frau, die ich liebte, der schöne Vogel, den ich mit den Körnern meines Herzens fütterte und mit dem Licht meiner Augen tränkte, dem ich aus meinen Rippen einen Käfig machte und aus meinem Herzen ein Nest; er ist meinen Händen entschlüpft und in einen anderen Käfig geflogen, der aus Dornen geflochten ist und wo er gefüttert wird mit Gräten und Würmern, mit Giften und bitteren Pflanzen. –

Der unschuldige Engel, den ich im Paradies meiner Liebe und Zuneigung wohnen ließ, verwandelte sich in einen furchtbaren Dämon, der in die Finsternis hinabstieg, wo er wegen seiner Schuld bittere Qualen erleidet und mich durch sein Vergehen mitleiden läßt.

Er schwieg und verbarg das Gesicht in seinen Handflächen, als wollte er sich vor sich selber schützen; dann fuhr er fort:

Das ist alles, was ich sagen kann! Dring nicht weiter in mich und sprich zu niemandem über mein Unglück! Laß es ein stummes Leid bleiben! Vielleicht wächst es in der

Stille und verzehrt mich schließlich, und das wird meine Erlösung sein.

Ich erhob mich von meinem Platz; das Mitleid schnürte mir mein Herz zusammen. Ich verließ ihn schweigend, denn ich fand in den Worten keinen Trost für seine Seele und in der Weisheit keinen Funken, der seinen verfinsterten Geist hätte erhellen können.

2

Einige Tage später traf ich zum ersten Mal Frau Wardat al-Hani in einem kleinen, bescheidenen Haus, umgeben von Blumen und Bäumen. Sie hatte meinen Namen im Hause Rachid Bey Na'amans nennen hören, dessen Herz sie mit ihren Füßen zertreten hatte, und den sie halbtot unter den Absätzen des Lebens zurückgelassen hatte.

Als ich ihre strahlenden Augen sah und die Harmonie ihrer angenehmen Stimme vernahm, dachte ich: Ist es möglich, daß diese Frau so bösartig ist?

Kann sich hinter einem so freundlichen Gesicht eine gemeine Seele und ein niederträchtiges Herz verbergen?

Ist dies die treulose Gattin, die Frau, der ich mehrmals Unrecht tat, indem ich sie mir wie eine giftige Schlange vorstellte, die in die Gestalt eines schönen Vogels geschlüpft ist? Doch ich besann mich und sagte mir: Was sonst als dieses schöne Gesicht hat diesen Mann ins Unglück gestürzt?

Hat man nicht oft erlebt, daß augenfällige Schönheit der Grund für tiefes Leid und Verzweiflung ist? Und ist nicht auch der Mond, der die Phantasie der Dichter beflügelt, derselbe Mond, der die Ruhe des Meeres in brausende Flut und Ebbe verwandelt?

Ich nahm Platz, und Frau Wardat setzte sich auch. Als hätte sie meine Gedanken gelesen und wollte mein

Schwanken zwischen Zweifel und Mitgefühl beenden, sagte sie mit ihrer angenehmen Stimme, die wie die Melodie einer Flöte klang, indem sie ihren schönen Kopf auf ihrer weißen Hand stützte:

Bis jetzt bin ich dir nie persönlich begegnet, doch aus Gesprächen mit anderen vernahm ich das Echo deiner Gedanken und Träume, und so erfuhr ich, daß du viel Verständnis aufbringst für die unterdrückte Frau, ihren Schwächen großmütig begegnest und ihre Gefühle und Neigungen kennst.

Deshalb möchte ich dir mein Herz öffnen, damit du meine inneren Beweggründe kennenlernst und es weitersagst, wenn du willst, daß Wardat al-Hani keine untreue Frau ist.

Ich war achtzehn Jahre alt, als mich das Schicksal mit Rachid Bey Na'aman bekannt machte, der damals etwa vierzig Jahre zählte. Er empfand Mitgefühl mit mir, das sich in Zuneigung wandelte. So nahm er mich bald darauf zur Frau und machte mich zur Herrin seines luxuriösen Hauses, in dem mir mehrere Hausangestellte zu Diensten waren. Er kleidete mich in Seide und schmückte mich mit kostbaren Perlen und Edelsteinen. Wie ein seltenes Kunstwerk präsentierte er mich in den Häusern seiner Freunde und Bekannten und genoß seinen Erfolg, wenn er sah, wie seine Freunde mich bewundernd anblickten, und wenn er die Frauen seiner Freunde anerkennend über mich sprechen hörte, erhob er voll Stolz seinen Kopf. Doch er überhörte die Fragen und das, was sie hinter seinem Rücken flüsterten: Ist sie Rachid Beys Frau oder seine Adoptivtochter? Hätte er als junger Mann geheiratet, wäre sein erstes Kind kaum älter als Wardat al-Hani.

All dies geschah, bevor mein Leben aus der tiefen Bewußtlosigkeit erwachte, bevor die Gottheit in meinem Herzen die Flamme der Liebe entzündete, bevor die Saat der Gefühle und Neigungen in meinem Herzen aufging.

All dies ereignete sich in einer Zeit, in der ich noch glaubte, daß das vollkommene Glück im Besitz eleganter Kleider, prächtiger Karossen und einem Haus mit wertvollen Möbeln bestünde. Aber als ich wach wurde, drang helles Licht durch meine Wimpern, und ich spürte die Flammen des heiligen Feuers mein Herz erreichen und es entflammen; meine Seele empfand einen geistigen Hunger, der ihr Schmerzen verursachte. Ich bemerkte, wie meine Flügel sich bewegten und flatterten, denn sie wollten sich aufschwingen und mich ins Firmament der Liebe emportragen. Doch dann ebbte ihre Bewegung ab, angesichts der Ketten des Gesetzes, die meinen Körper gefesselt hatten, noch bevor ich die Bedeutung dieses Gesetzes kannte. – Als ich erwachte und diese Erfahrungen machte, ahnte ich, daß das Glück der Frau weder vom Ruhm des Mannes abhängt noch von seinem Reichtum, noch von seinem Wohlwollen, sondern daß es einzig und allein begründet ist in der Liebe, die ihre beiden Seelen vereint und aus ihnen ein einziges Wesen macht und ein einziges Wort auf den Lippen Gottes. –

Nachdem ich mir dieser entscheidenden Wahrheit bewußt geworden war, fühlte ich mich im Hause Rachid Bey Na'amans wie ein Dieb, der sein Brot ißt und sich in der Finsternis der Nacht verbirgt. Ich erkannte, daß jeder Tag, den ich an seiner Seite verbrachte, eine schreckliche Lüge ist, die die Falschheit mit feurigen Buchstaben auf meine Stirn schreibt vor dem Himmel und der Erde.

Ich war nämlich nicht fähig, seine Großzügigkeit durch die Liebe meines Herzens zu erwidern, und ich vermochte es nicht, ihm als Gegenleistung für seine Treue und Aufrichtigkeit meine Zuneigung zu schenken. Vergeblich versuchte ich, ihn zu lieben, doch es gelang mir nicht, denn unsere Herzen erzeugen nicht die Liebe, sondern die Liebe zeugt unsere Herzen. Da begann ich, in der Stille der Nächte zu beten. Ich flehte den Himmel an, in meiner

Seele ein Gefühl der Zuwendung zu erwecken, um dem Mann näherzukommen, den das Schicksal mir als Lebensgefährten erwählt hatte; aber das half nichts, denn die Liebe dringt in unser Herz, wenn Gott es will, und nicht, wenn der Mensch es wünscht. So blieb ich zwei Jahre lang im Hause Rachid Beys und beneidete die Vögel des Himmels um ihre Freiheit, während die Frauen mich um mein Gefängnis beneideten. Wie die Witwe, die ihren einzigen Sohn verliert, so beweinte ich mein Herz, das für die Freiheit geschaffen war und sich an den Gesetzen der Menschen wund scheuerte, und täglich verhungerte und verdurstete ich aufs neue.

An einem dieser düsteren Tage warf ich einen Blick hinter die Finsternis und entdeckte helle Strahlen, die aus den Augen eines jungen Mannes kamen, der allein und einsam zwischen seinen Büchern und Papieren in diesem Haus lebte. Ich schloß meine Augen, um die Strahlen nicht zu sehen, und ich sagte zu mir:

Dein Schicksal, meine Seele, ist die Finsternis des Grabes! Trachte nicht nach dem Licht!

Und als ich lauschte, vernahm ich eine himmlische Musik, deren Schönheit meine Gefühle und Sinne weckte. Doch ich schloß meine Ohren und sagte zu mir:

Dein Los, meine Seele, ist der Schrei aus den Tiefen! Trachte nicht nach himmlischen Melodien...

Ich schloß meine Augen und Ohren, um weder zu sehen noch zu hören; aber obwohl meine Augen und Ohren geschlossen waren, sah ich den Lichtstrahl und vernahm die himmlische Melodie.

Da empfand ich zum ersten Mal Angst – die Angst eines Bettlers, der in der Nähe eines Emirschlosses einen Schatz entdeckt hat; aus Furcht, dabei ertappt zu werden, wagt er es nicht, den Schatz an sich zu nehmen, aber wegen seiner großen Armut bringt er es auch nicht fertig, ihn einfach liegen zu lassen.

Ich weinte wie ein Verdurstender, der die sprudelnde Quelle erreicht hat und sie von den Raubtieren des Waldes umstellt sieht.

Frau Wardat al-Hani schwieg eine Weile, wobei sie ihre Augen schloß, als ob die Vergangenheit vor ihr auftauchte und sie nicht den Mut besäße, ihr ins Gesicht zu sehen. Doch dann fuhr sie fort:

Die Menschen, die aus der Ewigkeit kommen und dorthin zurückkehren, ohne den Geschmack des wahren Lebens gekostet zu haben, sind nicht imstande, das Leid einer Frau zu ermessen, deren Seele zwischen zwei Männern steht, einem, den sie nach dem Willen des Himmels liebt, und einem anderen, dem sie aufgrund irdischer Gesetze angehört. Diese schmerzliche Tragödie ist mit dem Blut und den Tränen der Frau geschrieben; der Mann liest sie mit spöttischem Lächeln, denn er versteht sie nicht. Wenn er sie aber versteht, verwandelt sich sein Lächeln in Zorn, den er wie Feuer und Schwefel auf das Haupt der Frau entlädt, indem er sie mit Flüchen und Schmähungen beschimpft.

Es ist ein Trauerspiel, das die schwarzen Nächte ins Herz einer Frau schreiben, die sich an das Lager eines Mannes gefesselt sieht, dem sie angetraut wurde, bevor ihre Liebe erwachte, und deren Seele um einen anderen Mann kreist, den sie mit der ganzen lauteren Liebe ihres Herzens liebt.

Diese Tragödie resultiert aus der Benachteiligung der Frau und dem Machtbewußtsein des Mannes, und sie wird dann erst enden, wenn der Stärkere den Schwächeren nicht mehr unterdrückt. Bis dahin findet ein unerbittlicher Kampf statt zwischen den heiligen Gefühlen des Herzens und den korrupten Gesetzen der Menschen.

Gestern noch befand ich mich auf diesem Schlachtfeld, und ich wäre fast gestorben vor Angst und hätte mich beinahe in Tränen aufgelöst.

Doch dann hielt ich inne, überdachte meine Lage und löste mich aus der Feigheit der Unentschiedenheit. Ich befreite meine Flügel aus den Fesseln der Schwäche und Unterwerfung und flog ins Firmament der Liebe und Freiheit.

Jetzt bin ich glücklich an der Seite des Mannes, der mit mir wie eine einzige Flamme aus der Hand Gottes hervorging vor Beginn der Zeiten. Und es gibt keine Macht der Welt, die mir mein Glück rauben könnte, denn es stammt aus der Harmonie zweier Seelen, die das Einverständnis eint und die Liebe verbindet.

Frau Wardat blickte mich prüfend an, als wollte sie die Wirkung ihrer Worte auf mich ergründen und auf das Echo ihrer Stimme in meinem Inneren lauschen. Doch ich schwieg, um sie nicht zu unterbrechen.

Dann fuhr sie fort, und in ihrer Stimme verschmolzen die Bitterkeit der Erinnerung und die Seligkeit der Befreiung:

Die Menschen werden dir sagen, daß Wardat al-Hani eine undankbare und untreue Frau ist, die ihren Mann schnöde verließ, der sie aus dem Nichts geholt und zur Herrin seines Hauses gemacht hatte. Sie werden behaupten, daß ich eine schamlose Ehebrecherin bin, die mit unreinen Händen den Kranz der heiligen Ehe zerstörte, den die Religion geflochten hat, und ihn ersetzte durch einen Kranz, der aus den Dornen der Hölle geflochten ist. Sie werden sagen, daß ich das Gewand der Tugend ablegte, um es zu vertauschen mit dem Kleid der Sünde und Schande.

All dies werden sie behaupten und vieles mehr, denn die Geister ihrer Ahnen leben in ihnen weiter.

Sie sind wie die leeren Höhlen der verlassenen Täler, aus denen das Echo von Stimmen hallt, die keiner mehr versteht. Sie erkennen nicht das Gesetz Gottes in seinen Geschöpfen, und sie begreifen nicht den Sinn der wahren Religion. Sie wissen nicht zu unterscheiden, wann sich der Mensch versündigt und wann er den Willen Gottes verwirklicht. Mit ihren trüben Augen sehen sie nur das äußere Erscheinungsbild einer Handlung und nicht die inneren Beweggründe. Sie verbringen ihr Leben in Unwissenheit und urteilen trotz ihrer Blindheit, und in ihrem Urteil gleichen sich der Schuldige und der Unschuldige, der Rechtschaffene und der Böse!

Wehe dem, der urteilt und verurteilt! – Ich war eine Ehebrecherin und Verräterin im Hause Rachid Bey Na'amans, denn er machte mich zur Gefährtin seines Lagers aus Gewohnheit und Sitte und bevor der Himmel mich zu seiner Frau machte durch die Gnade gegenseitiger Zuneigung und Liebe.

Ich war ehrlos und schuldig vor meinem Gewissen und vor Gott, als ich mich an seinen Speisen sättigte und er sein Verlangen an meinem Körper stillte.

Jetzt aber bin ich rein und makellos, denn das Gesetz der Liebe hat mich freigesprochen; ich bin lauter und treu, denn ich habe aufgehört, meinen Körper für Brot zu verkaufen, für Kleidung und Unterkunft. Ich war eine Ehebrecherin, als die Menschen mich für eine vorbildliche Ehefrau hielten; heute, wo ich tatsächlich eine treue und liebevolle Gattin bin, bezichtigen sie mich der Treulosigkeit und des Ehebruchs. So beurteilen sie Menschen nach ihren unzulänglichen Gesetzen und nicht nach ihrem inneren Wesen.

Frau Wardat al-Hani schaute durch das Fenster und deutete mit ihrer Hand auf die Stadt.

Etwas lauter als zuvor sprach sie weiter, und in ihre Stimme mischten sich Verachtung und Geringschätzung, als ob sie die Geister des Verrats und des Betrugs aus den Straßen der Stadt und von den Dachterrassen und Balkonen auftauchen sähe:

Sieh dir diese aufwendigen Häuser an und diese prächtigen Paläste, in denen die Reichen und Mächtigen dieses Landes wohnen. In ihren Wänden, die mit Seide ausgeschlagen sind, lebt die Untreue neben der Heuchelei, und unter ihren Decken, die mit Stuck und Blattgold verziert sind, haust die Lüge neben der Anmaßung.

Schau dir diese Gebäude nur gut an; sie bedeuten für dich und die anderen Ehre, Macht und Glück. Doch sie sind nichts anderes als Höhlen, in denen sich die Schande, die Niedertracht und das Unglück verstecken. Sie sind getünchte Gräber, wo sich die List der Frau hinter der Tusche ihrer Augen und der Schminke ihrer Lippen verbirgt; und in den Ecken ihrer Gemächer hält sich der Egoismus des Mannes verborgen, und seine Rücksichtslosigkeit tarnt sich hinter dem Glanz von Gold und Silber.

Stolz und hochmütig ragen die Mauern dieser Schlösser auf. Doch wenn sie den Atem der Verschlagenheit und Gemeinheit fühlen könnten, dem sie täglich ausgesetzt sind, so wären sie längst zerfallen und zusammengestürzt.

Zu diesen Häusern blickt der arme Dorfbewohner sehnsüchtig auf; wenn er aber wüßte, daß in den Herzen ihrer Bewohner nicht ein Stäubchen jener süßen Liebe wohnt, die das Herz seiner Gefährtin erfüllt, hätte er nur spöttisch gelächelt und wäre voll Mitleid für ihre Bewohner in seine Hütte zurückgekehrt.

Frau Wardat nahm meine Hand und führte mich an das Fenster, durch das man jene Häuser und Schlösser sehen konnte, und sagte:

Komm, ich werde dir die Geheimnisse dieser Menschen aufdecken, zu denen ich einst gehörte und mit denen ich nichts mehr gemein haben möchte:

Sieh dieses Schloß mit den Marmorsäulen, mit den Pavillons und Erkern aus Kupfer und den Fenstern aus Kristallglas; darin wohnt ein reicher Mann, der von seinem geizigen Vater ein großes Vermögen erbte; seinen korrupten Charakter prägte er auf krummen Wegen. Vor zwei Jahren heiratete er eine Frau, von der er nicht mehr wußte, als daß ihr Vater aus einer adeligen Familie stammt und daß sie da wohnt, wo die Vornehmen des Landes residieren. Kaum waren die Flitterwochen zu Ende, da war er ihrer schon überdrüssig und kehrte zurück in die Gesellschaft von Dirnen; seine junge Frau ließ er im Palast zurück, wie ein Betrunkener den leeren Weinkrug stehenläßt. Sie weinte und litt unsagbar; dann aber besann sie sich und erkannte, daß ihre Tränen zu kostbar sind, um sie wegen eines nichtswürdigen Mannes wie dem ihren zu vergießen.

Jetzt ist ihr Leben ausgefüllt mit der leidenschaftlichen Liebe eines Jünglings von schöner Gestalt und angenehmer Rede. Sie füllt seine Hände mit der Zuneigung ihres Herzens und seine Taschen mit dem Geld ihres Mannes, der seine Blicke von ihr abgewandt hat und auch von ihr keines Blickes mehr gewürdigt wird…

Sieh dieses Haus, das in einem blühenden Garten steht; darin wohnt ein Mann aus einer bekannten Familie, die das Land über mehrere Generationen hinweg regierte. Heute ist ihr Einfluß gering; sie verarmte nach der Aufteilung ihres Vermögens auf zahlreiche Nachkommen, die alle zu Sorglosigkeit und Trägheit neigen.

Dieser Mann hat vor Jahren eine häßliche, aber äußerst reiche Frau geheiratet. Kaum hatte er sich ihres Reichtums bemächtigt, da vergaß er sie und nahm sich eine hübsche Freundin. Die Betrogene leidet an ihrer Einsamkeit und Abgeschlossenheit. Viele Stunden des Tages verbringt sie damit, ihre Augenlider anzupinseln, ihr Gesicht zu pudern und zu schminken, sich in kostbare Gewänder aus Seide zu hüllen und sich so herauszuputzen in der Hoffnung, die Blicke eines Besuchers auf sich zu lenken, doch sie begegnet lediglich den Blicken ihrer Maske im Spiegel…

Siehst du diese Villa mit den Statuen und Skulpturen? Sie gehört einer Frau von höchst attraktivem Aussehen, deren hervorstechende Charaktereigenschaften Selbstsucht und

Rücksichtslosigkeit sind. Ihr erster Mann starb und sie erbte sein großes Vermögen und alle Besitztümer. Dann wählte sie einen Mann aus, dessen Körper und Wille sich nicht durch besondere Stärke auszeichneten und heiratete ihn. Durch seine Existenz konnte sie sich vor übler Nachrede schützen und vorbehaltlos den verbotenen Vergnügen frönen. Unter ihren jungen Anbetern und Bewunderern ist sie wie eine Blume, die von Bienen umschwärmt wird…

Und schau dir dieses Haus an mit den breiten Galerien und den herrlichen Pavillons! Es gehört einem geschäftstüchtigen, ehrgeizigen Mann. Er hat eine Frau, in der sich ein außergewöhnlich schönes Aussehen mit einem klugen Geist verbindet. In ihrer Person sind die wertvollsten Eigenschaften der Seele mit allen Vorzügen eines schönen Körpers in einer Harmonie vereint, wie sie in der Poesie die Schönheit der Form und die Tiefe des Gedankens darstellt. Sie ist geschaffen, um für die Liebe zu leben und zu sterben. Doch es geht ihr wie vielen Frauen in diesem Land: ihr Vater fügte ihr großes Leid zu, indem er sie unter das Joch einer Vernunftehe zwang, noch bevor sie das achtzehnte Lebensjahr erreichte. Nun ist ihr Körper geschwächt und krank. Wie eine Kerze verzehrt sie sich im Feuer ihrer gefesselten Gefühle, und sie löst sich auf wie der süße Duft der Blumen im Sturm. Die Liebe ersetzt sie durch die Sehnsucht nach dem Tod, nach dessen Umarmung sie sich sehnt, um erlöst zu werden von diesem erstarrten und erfrorenen Leben.

So wird sie sich befreien aus der Knechtschaft eines Mannes, der die Tage damit verbringt, Geld zu verdienen, und die Nächte dazu benutzt, es zu zählen. Dabei verwünscht er die Stunde, in der er diese Frau geheiratet hat, die ihm keine Nachkommen schenkt, denen er sein Vermögen vererben kann.

Und sieh dieses Haus, das ganz abgelegen inmitten der

Gärten steht; darin wohnt ein phantasievoller Dichter, der geistliche Lyrik schreibt. Seine Frau ist ebenso grobschlächtig und derb, wie er feinsinnig und verträumt ist. Sie verlacht und verspottet seine Dichtung, da sie sie nicht versteht. Nun hat er sich endlich von ihr abgewandt aus Liebe zu einer anderen Frau, die verheiratet ist. Sie hat ein kluges und sanftes Wesen. Durch ihre Zuneigung hat sie in seinem Herzen ein Licht entzündet, und durch ihre Blicke und ihr Lächeln inspiriert sie ihn zu ewigen Worten.

Frau Wardat schwieg und setzte sich auf die Bank, die neben dem Fenster stand, als ob der Rundgang durch diese Stätten versteckten Betrugs ihre Seele ermüdet hätte. Dann fügte sie hinzu: Das sind die Schlösser, zu deren Bewohnern ich nicht zählen möchte! Das sind die Gräber, in deren Grüften ich nicht begraben sein möchte! Das sind die Menschen, aus deren Lebensgewohnheiten ich mich befreit habe, deren Joch ich abgelegt habe! Für sie ist die Ehe eine Vereinigung ihrer Körper, und ihre Seelen stoßen sich gegenseitig ab. Ihr einziger Fürsprecher bei Gott ist die Unkenntnis seiner Gesetze.

Es ist nicht meine Absicht, diese Menschen zu verurteilen, aber ich habe Mitleid mit ihnen. Auch hasse ich nicht diese Menschen, sondern ihre bereitwillige Hingabe an Lüge, List und Heuchelei. Denk nicht, daß ich dir all dies erzähle, weil es mich befriedigt, über andere zu lästern! Ich enthülle dir das Verborgene ihrer Herzen vielmehr, um dir die Wirklichkeit der Menschen vor Augen zu führen, denen ich gestern noch glich. Ich erläutere dir ihre Lebensweise, um dir zu zeigen, wer mich schmäht und diffamiert.

Ich habe ihre Freundschaft verloren, um meine Seele zu gewinnen. Ihre dunklen Wege des Betrugs habe ich verlassen und meine Augen zum Licht erhoben, dahin wo Aufrichtigkeit und Gerechtigkeit herrscht. Sie haben mich aus ihrer Gemeinschaft verstoßen, und ich bin froh darüber, denn diese Menschen verbannen nur solche, die sich gegen Ungerechtigkeit auflehnen. Wer die Verbannung aber nicht der Versklavung vorzieht, verdient die Freiheit nicht.

Früher war ich wie ein schön gedeckter Tisch, und Rachid Bey kam zu mir, wenn er Appetit verspürte; doch unsere Seelen blieben einander fremd und stumm wie zwei unterdrückte Sklaven. Als ich mir dessen bewußt wurde, verabscheute ich unser Verhältnis. Lange versuchte ich, mich dem sogenannten Schicksal fraglos zu unterwerfen, doch es gelang mir nicht, denn mein Geist lehnte es ab, ein ganzes Leben lang kniend vor einem menschenfressenden Idol zu verbringen, das die finsteren Epochen aufgerichtet und uns als Gesetz überliefert haben.

Und so löste ich meine Fesseln, aber ich warf sie erst vollends ab, als ich den Ruf der Liebe vernahm und meine Seele bereit zum Aufbruch war. Ich verließ das Haus Rachid Na'amans, wie ein Gefangener sein Gefängnis verläßt. Ich ließ alles zurück: meinen Schmuck, meine Gewänder, Möbel und Karossen und kam in das Haus meines Geliebten, wo es nichts dergleichen gibt, nur ein Herz, das mir Wärme und Geborgenheit schenkt.

Ich bin überzeugt, daß ich nichts anderes tat, als mein Recht und meine Pflicht wahrzunehmen; denn es ist keineswegs der Wille des Himmels, daß ich mit eigenen Händen meine Flügel beschneide und in die Asche falle, daß ich mein Gesicht hinter den Händen verberge, Tränen vergieße und seufze: Das ist das Los meines Lebens! Der Himmel kann es gewiß nicht wollen, daß ich mein Leben damit verschwende, in den Nächten zu leiden und sehnsüchtig auf die Morgenröte zu warten, und wenn der Morgen angebrochen ist, ungeduldig das Ende des Tages zu erwarten. Der Himmel will nicht, daß der Mensch unglücklich ist, denn er hat in seinem Innersten das Streben nach Glück verankert. Wahrlich, Gottes Ehre gründet sich auf das Glück des Menschen... Dies ist meine Geschichte und mein Anspruch vor dem Himmel und der Erde. Dies wiederhole und singe ich, wenn auch die Menschen ihre Ohren verschließen und nicht zuhören, denn sie haben Angst vor der Auflehnung ihrer Herzen und befürchten, daß die Grundlagen ihrer Gemeinschaft ins Wanken geraten könnten und über ihren Köpfen einstürzten.

Dies ist der steile Weg, auf dem ich schritt, bis ich den Gipfel des Glückes erreichte; und wenn nun der Tod käme, um mich abzuholen, so stünde mein Geist furchtlos und voller Hoffnung vor dem Thron des Höchsten; und wenn die Hüllen meines Gewissens vor dem großen Richter fallen würden, so zeigte es sich sicher rein und makellos wie der Schnee, denn ich tat nichts anderes, als was meine Seele wollte, die aus Gott hervorgegangen ist. Niemand anderem bin ich gefolgt als dem Ruf des Herzens und dem Echo der Engelchöre.

Dies ist die Geschichte meines Lebens; die Bewohner Beiruts betrachten sie als einen Fluch auf den Lippen des Lebens und als eine Krankheit im Körper der Gesellschaft.

Doch sie werden es bereuen, wenn die Liebe ihre dunklen Herzen weckt, wie die Sonne aus dem dunklen Erdreich, das mit Verwesendem angefüllt ist, Blumen sprießen läßt. Dann werden diejenigen, die an meinem Grab vorübergehen, vor ihm anhalten und den Frieden auf mich herabrufen. Sie werden sagen: hier ruht Wardat al-Hani, die ihre Gefühle aus der Knechtschaft überholter menschlicher Gesetze befreite, um nur nach dem Gesetz der Liebe zu leben. Sie wandte ihr Gesicht der Sonne zu, um nicht den Schatten ihres Körpers zwischen Dornen und Totenschädeln zu sehen.

Kaum hatte Frau Wardat zu sprechen aufgehört, da öffnete sich die Tür und ein junger Mann trat zu uns herein;

er war von großem, schlankem Wuchs und hatte ein edles Gesicht; seine Augen leuchteten und auf seinen Lippen lag ein sanftes Lächeln.

Frau Wardat erhob sich, nahm liebevoll seine Hände und stellte ihn mir vor: sie nannte ihm lächelnd meinen Namen und fügte ein paar wohlwollende Worte hinzu, dann nannte sie mir seinen Namen, indem sie mir einen bedeutungsvollen Blick zuwarf; und ich wußte, daß es der junge Mann war, für den sie ihre Welt verlassen und alle Gesetze und Traditionen verletzt hatte.

Wir setzten uns, und jeder war in Gedanken damit beschäftigt, sich die Meinung des anderen über sich vorzustellen. Als eine Weile vergangen war, in einem Schweigen, das unsere Seelen entspannte, schaute ich zu den beiden, die nebeneinander saßen, und ich erblickte, was ich noch nie zuvor gesehen hatte; in diesem Augenblick begriff ich die Bedeutung der Geschichte von Frau Wardat. Ich verstand das Geheimnis ihrer Rebellion gegen die Strukturen der Gesellschaft, die den Menschen, der sich gegen ihre Gesetze auflehnt, verfolgt, ohne die Gründe seiner Auflehnung zu prüfen.

Ich sah vor mir einen himmlischen Geist, verkörpert durch zwei Menschen von schöner Gestalt, eingehüllt in das Gewand der Harmonie; und zwischen ihnen thronte der Gott der Liebe, der seine Flügel über sie ausbreitete, um sie vor den Bezichtigungen und Vorwürfen der Menschen zu schützen. Ich sah das vollständige Einverständnis zwischen zwei Personen; es spiegelte sich in ihren strahlenden Gesichtern, ebenso wie die Aufrichtigkeit und Reinheit, die sie prägte. Zum ersten Mal in meinem Leben sah ich das vollkommene Glück in greifbarer Nähe, verkörpert durch einen Mann und eine Frau, die vom Gesetz verworfen und von der Religion verstoßen wurden.

Nach kurzem Verweilen stand ich auf und verabschiedete mich von ihnen, indem ich ihnen meinen tiefen Eindruck wortlos zum Ausdruck brachte. Ich verließ das bescheidene Haus, das die Gefühle zweier Menschen zu einem Tempel der Liebe und des Einklangs machten.

Mein Weg führte mich an den Villen und Palästen vorbei, deren Geheimnisse mir Frau Wardat enthüllt hatte. Ich dachte über ihren Bericht nach und über alles, was er an Voraussetzungen und Auswirkungen enthielt. Als ich fast das Ende dieses Stadtviertels erreicht hatte, erinnerte ich mich an Rachid Bey Na'aman. Ich vergegenwärtigte mir seinen Kummer und seine Verzweiflung und dachte mir: Diesem Unglücklichen ist Unrecht geschehen! Aber wird der Himmel ihn erhören, wenn er die Ungerechtigkeit beklagt, die ihm widerfahren ist, und dabei gegen Wardat al-Hani Anklage erhebt? War sie es, die ihn ins Unglück stürzte, als sie ihn verließ, um ihre Seele zu befreien; oder war er es, der sie unglücklich machte, als er sich in der Ehe ihren Körper aneignete, bevor er ihren Geist durch die Liebe gewonnen hatte? Wer von den beiden war der Unterdrücker und wer der Unterdrückte? Wer ist der Schuldige und wer der Unschuldige?

Indem ich das Nachdenken über die Erfahrungen des Tages fortsetzte, sagte ich mir: Oftmals haben Eitelkeit und Habsucht Frauen dazu veranlaßt, ihre Männer zu verlassen, um reicheren Männern zu folgen, da ihre Leidenschaft für kostbare Kleider und Komfort ihre Einsicht blendete und sie in Schande und Verruf stürzte. – War aber Wardat al-Hani eitel und habgierig, als sie den Palast eines reichen Mannes verließ mit allem, was sie darin besaß an Kleidern, Schmuck, Möbeln und Personal, um einem armen Mann in seine Hütte zu folgen, in der es nichts gab außer einem Regal alter Bücher?

Oftmals sind es auch Unwissenheit und Leichtfertigkeit, die eine Frau dazu bewegen, ihren Mann zu verlassen, bei dem sie Langeweile und Verdruß empfindet, um größere körperliche Befriedigung zu finden bei einem Mann, der ehrloser ist als sie. – War aber Wardat al-Hani unwissend und leichtfertig, suchte sie größere Befriedigung, als sie ihre Unabhängigkeit erkämpfte und sich einem jungen Mann anschloß, der geistlich aufgeschlossen und geistlich gesonnen ist? Sicher wäre es ihr möglich gewesen, größere Befriedigung im Hause ihres Gemahls bei den leidenschaftlichen Jünglingen zu finden, die nur darauf warten, Sklaven der Schönheit und Märtyrer der Liebe zu werden. Wardat al-Hani aber suchte das wahre Glück; und als sie es schließlich fand, hielt sie es fest. Und dies ist eine Tugend, die von der menschlichen Gesellschaft verachtet und von ihren Gesetzen verurteilt wird.

Ich flüsterte meine Überlegungen ins Ohr des Äthers: Ist es aber einer Frau erlaubt, ihr Glück durch das Unglück ihres Mannes zu erkaufen? Darauf erwiderte meine Seele: Ist es einem Mann gestattet, die Gefühle seiner Frau zu unterdrücken, um glücklich zu bleiben?

★

Ich ging weiter und Frau Wardats Stimme klang wie ein Echo in meinen Ohren. Als ich den Stadtrand erreichte, neigte sich die Sonne dem Untergang zu; Felder und Gärten hüllten sich in den Schleier des Schweigens, während die Vögel ihr Abendlied anstimmten. Ich blieb stehen und dachte:

Vor dem Thron der Freiheit erfreuen sich diese Bäume am Spiel mit der leichten Brise und sie ergötzen sich an den Strahlen der Sonne und des Mondes. Voller Glück über die Freiheit zwitschern diese Vögel und umflattern ihren Saum bei den Wasserrädern. Ins Firmament der Freiheit verströmen diese Blumen den Wohlgeruch ihres Atems und in ihrer Anwesenheit lächeln sie beim Anbruch des Morgens. Alles, was auf Erden ist, folgt dem Gesetz ihrer Natur, und gemäß der Natur ihres Gesetzes beschenkt sie alle Wesen mit der Würde der Freiheit und ihrer Freude.

Nur die Menschen sind dieser Gnade beraubt, denn sie haben ihrem göttlichen Geist ein begrenztes, weltliches Gesetz gegeben und ihre Körper und Seelen einer unbarmherzigen Norm unterworfen; ihre Gefühle haben sie in ein enges, erschreckendes Gefängnis gesperrt und für ihre Herzen und ihren Geist ein finsteres Grab gegraben.

Wenn sich einer von ihnen aus ihrer Gemeinschaft löst und ihre Gesetze ablehnt, nennen sie ihn einen gefährlichen Rebellen, der die Verbannung verdient, oder sie betrachten ihn als einen abtrünnigen Frevler und bestrafen ihn mit dem Tod…

Wird der Mensch bis ans Ende der Zeiten ein Sklave seiner korrupten Gesetze bleiben oder wird die Zukunft ihn befreien, damit er aus dem Geist und für den Geist lebe?

Wird der Mensch auch in Zukunft dabei verharren, den Staub der Erde anzustarren? Oder wird er – um den Schatten seines Körpers nicht inmitten von Dornen und Totenschädeln zu sehen – seine Augen zur Sonne erheben?

Die Schreie der Gräber

1

Der Emir saß mit gekreuzten Beinen auf der Richtertribüne, umgeben von den Weisen des Landes, die zu seiner
Rechten und zu seiner Linken saßen; in ihren ehrwürdi-
gen, faltigen Gesichtern spiegelten sich die Seiten der Bücher und Schriften, die sie studiert hatten. Um sie herum
standen die Soldaten mit gezückten Schwertern und auf-
gerichteten Lanzen, und vor ihnen auf dem Platz verharr-
te das Volk: die einen waren aus Neugier hierhergekom-
men, während die anderen das Urteil über das Verbrechen eines Verwandten oder Bekannten hören wollten; sie
warteten mit gebeugten Köpfen und gesenkten Blicken,
und sie hielten ihren Atem an, als gäbe es in den Augen
des Emirs eine Kraft, die ihren Herzen Angst einflößte
und ihren Seelen Schrecken einjagte.
Als das hohe Gericht vollständig versammelt und die
Stunde der Rechtsprechung herangerückt war, erhob der
Emir seine Hand und gebot: Führt mir die Verbrecher
einzeln vor und berichtet mir von ihrem Vergehen!
Die Tür des Gefängnisses wurde geöffnet und seine dunklen Wände wurden sichtbar wie der Rachen eines wilden
Tieres, wenn es gähnend seine Kiefer aufreißt. Aus dem
Gefängnisinnern drang das Klirren der Ketten und Fes-
seln, begleitet vom Seufzen und Stöhnen der Gefangenen.
In diesem Moment blickten die Anwesenden auf und
reckten ihre Hälse, um die Beute des Todes aus den Tiefen
ihrer Gräber hervorkommen zu sehen.
Nach einer Weile kamen zwei Soldaten aus dem Gefäng-

nis, die in ihrer Mitte einen Jüngling herausführten, dessen Handgelenke gefesselt waren. Sein finsteres Gesicht und seine verschlossenen Blicke deuteten auf den Stolz seiner Seele und die Stärke seines Herzens. Die Soldaten brachten ihn vor das Tribunal und traten dann ein Stück zurück. Der Emir blickte den Gefesselten einen Augenblick an, dann fragte er: Welches ist das Vergehen dieses Jünglings, der mit erhobenem Kopf vor uns steht, als ob er eine rühmliche Tat vollbracht hätte und nicht in richterlicher Gewalt wäre?

Einer der Beisitzer des Emirs antwortete: Er ist ein gemeiner Mörder; er hat sich gestern dem Befehlshaber des Emirs widersetzt und ihn erschlagen, als dieser im Auftrag Seiner Hoheit die Dörfer durchquerte. Als man ihn festnahm, hielt er in seiner Hand noch das blutbefleckte Schwert.

Der Emir bewegte sich zürnend auf seinem Thron, Pfeile der Entrüstung schossen aus seinen Augen, und er rief mit lauter Stimme: Bringt ihn zurück in die Finsternis und legt seinen Körper in Ketten! Wenn der Morgen anbricht, köpft ihn mit seinem eigenen Schwert und laßt seine Leiche im Freien, damit die Adler und Raubtiere sie in Stükke reißen und der Wind den Geruch der Verwesung bis zu seiner Familie und seinen Freunden trägt!

Sie führten den Jüngling in das Gefängnis zurück, während die Menschen ihm mit besorgten Blicken und tiefen Seufzern nachschauten, denn er war ein Jüngling in der Blüte seines Lebens, von stattlicher Erscheinung und gut aussehend.

Da kamen die beiden Soldaten wieder aus dem Gefängnis, und in ihrer Mitte führten sie eine junge Frau mit hübschem Gesicht und von zerbrechlicher Gestalt. Verzweiflung und Gram hatten ihr Gesicht gelb gefärbt; Tränen standen in ihren Augen und ihren Kopf hielt sie gesenkt vor Scham.

Nachdem der Emir sie aufmerksam betrachtet hatte, erkundigte er sich: Was hat diese ausgemergelte Frau getan, die vor uns steht wie ein Schatten neben der Wirklichkeit? Einer der Soldaten erwiderte: Sie ist eine schamlose Ehebrecherin! Ihr Mann überraschte sie und fand sie in den Armen ihres Liebhabers. Er überlieferte sie der Polizei, nachdem ihr Geliebter die Flucht ergriffen hatte.

Der Emir musterte sie mit seinen Blicken, während sie beschämt den Kopf zu Boden senkte, dann befahl er: Bringt sie zurück in die Finsternis und legt sie auf ein Dornenbett, damit sie sich an das Lager erinnert, das sie mit Schande befleckte! Gebt ihr Essig mit Myrrhe vermischt zu trinken, damit sie sich an den Geschmack der verbotenen Küsse erinnert! Wenn die Morgendämmerung anbricht, schleift sie nackt über die Straßen bis vor die Stadt! Dort steinigt sie und laßt ihre Leiche liegen, damit sich die Wölfe an ihrem Fleisch ergötzen und die Würmer und Insekten ihre Knochen zernagen!

Während die junge Frau in die Dunkelheit ihres Kerkers zurückgebracht wurde, schauten ihr die Anwesenden nach, die einen, indem sie die Gerechtigkeit des Emirs bewunderten, die anderen, indem sie Mitleid hegten wegen der Schönheit ihres traurigen Gesichts und der Weichheit ihrer melancholischen Blicke.

Die Soldaten erschienen zum dritten Mal und hatten einen schwachen Greis in ihrer Mitte, der seine zitternden Beine nach sich zog, als wären sie zwei Stoffetzen eines alten, abgewetzten Gewandes; er drehte sich ängstlich nach allen Seiten um, und in seinen schmerzverzerrten Blicken erschienen die Vorstellungen von Elend, Armut und Unglück.

Der Emir sah ihn an und sagte mit verächtlichem Tonfall: Was ist das Vergehen dieses Schmutzfinks, der wie ein Toter zwischen den Lebenden steht?

Einer der Soldaten antwortete: Er ist ein Räuber, der in

der Nacht ins Kloster eingebrochen ist; die frommen Mönche haben ihn dabei ertappt, wie er die kostbaren goldenen Gefäße ihres heiligen Altars in den Falten seines Umhangs verstecken wollte.

Der Emir fixierte ihn mit den Blicken eines Geiers, der einen Vogel mit gebrochenen Flügeln erblickt und rief: Bringt ihn hinunter in die Tiefen der Finsternis und legt ihn in Ketten! Bei Anbruch des Morgens schleift ihn bis vor die Stadt zu einem hohen Baum und hängt ihn dort an einem Strick auf! Laßt seinen Körper zwischen Himmel und Erde schweben, damit die Elemente der Natur seine verbrecherischen Finger zerfressen und die Winde seine zerrupften Glieder verstreuen!

Sie brachten den Räuber ins Gefängnis zurück, und die Leute flüsterten einander ins Ohr: Wie konnte es dieser schwächliche Ungläubige wagen, die kostbaren Gefäße des heiligen Klosters zu stehlen?

Der Emir verließ die Richtertribüne, und die Weisen, Rechtsgelehrten und Soldaten geleiteten ihn in den Palast zurück; die Versammlung der Zuschauer zerstreute sich und der Platz wurde leer und still bis auf das Wehklagen der Gefangenen und die Seufzer der Verzweifelten, die wie Gespenster auf den Mauern schwankten.

All dies geschah, während ich dastand wie ein Spiegel vor vorbeiziehenden Geistern. Ich dachte über die Gesetze nach, die von Menschen für Menschen aufgestellt wurden, und ich sann über das nach, was die Menschen für Gerechtigkeit halten; ich versuchte, in die Geheimnisse des Lebens einzudringen und den Sinn des Lebens zu erforschen…

Als sich meine Gedanken zerstreuten wie die Linien des Abendrots, die sich im Nebel verflüchtigten, verließ ich diesen Ort und sagte zu mir: Das Gras ernährt sich aus den Grundstoffen der Erde; die Schafe weiden das Gras; der Wolf frißt die Schafe und das Einhorn tötet den Wolf; der

Löwe jagt das Einhorn und der Tod vernichtet den Löwen. Gibt es eine Macht, die den Tod überwindet und aus der Kette dieser Verbrechen eine dauernde Gerechtigkeit macht? Gibt es eine Macht, die diese widerwärtigen Ursachen in heilsame Wirkungen verwandelt? Gibt es eine Macht, die in ihren Handflächen alle Elemente des Lebens umschließt und sie lächelnd an ihr Herz zieht und mit sich vereinigt, so wie das Meer alle Flüsse und Flüßchen singend in seine Tiefen einverleibt? Gibt es eine Macht, die den Mörder und sein Opfer, die Ehebrecherin und ihren Geliebten, den Dieb und den Bestohlenen vor ein Gericht stellt, das erhabener und großherziger ist als das Gericht des Emirs?

2

Am nächsten Tag verließ ich die Stadt und spazierte durch die Felder, wo die Stille der Seele das offenbart, was sie entspannt und erfrischt, wo die Reinheit des Himmels die Keime der Traurigkeit und Verzweiflung beseitigt, die die engen Straßen und die dunklen Häuser hervorbringen.

Als ich am Rande des Tales ankam, drehte ich mich um und sah eine riesige Schar von Adlern, Krähen und Geiern, die auf- und niederflogen und den Himmel mit ihrem Krächzen und Pfeifen und dem Geflatter ihrer Flügel erfüllten. Ich ging weiter, da sah ich plötzlich den Kadaver eines Mannes vor mir, der von einem hohen Baum herabhing, dann die Leiche einer nackten Frau inmitten der Steine, mit denen sie gesteinigt worden war, und den enthaupteten, mit Blut und Erde verschmierten Leichnam eines Jünglings.

Ich blieb stehen und das Entsetzen des Anblicks hüllte meinen Geist in einen dichten, dunklen Schleier. Ich schaute nach allen Seiten und sah weit und breit nichts als den schrecklichen Schatten des Todes inmitten der blutverschmierten Kadaver. Ich lauschte und vernahm nichts als das Geheul des Nichts, begleitet vom Krächzen der Geier, die um diese Opfer der menschlichen Gesetze kreisten.

Drei Söhne Adams waren gestern noch im Schoß des Lebens, und heute waren sie in den Griffen des Todes!

Drei Menschen taten Unrecht in den Augen der Menschen, sie übertraten die Gesetze, und das blinde Gesetz streckte seine Hand aus und zermalmte sie grausam!

Drei Menschen handelten widerrechtlich, weil sie schwach waren, und das Gesetz, das stark ist, verurteilte sie deshalb zum Tode!

Ein Mann tötet einen anderen, und die Menschen bezeichnen ihn als Mörder; doch wenn es der Emir ist, der ihn daraufhin töten läßt, nennt man ihn einen gerechten Richter.

Ein Mann versuchte aus einem Kloster Schätze zu plündern, und man nannte ihn einen gemeinen Räuber; doch als der Emir ihm sein Leben raubte, rühmten sie ihn als hervorragenden Herrscher. Eine Frau hat ihren Mann betrogen, und die Menschen nannten sie eine schamlose Ehebrecherin, doch als der Emir sie nackt durch die Stadt führen und steinigen ließ, nannten sie ihn einen ruhmreichen Emir.

Blut zu vergießen ist verboten, aber wer gab dem Emir das Recht dazu? Den Besitz eines anderen zu rauben, ist ein Verbrechen. Wer aber hat aus dem Raub des Lebens eine Tugend gemacht? Die Untreue einer Frau ist zu mißbilligen, wer aber kann es billigen, daß Menschen gesteinigt werden?

Ist es richtig, Böses mit Bösem zu vergelten im Namen der Gerechtigkeit? Kann man Korruption durch größere Korruption bekämpfen und das als Rechtsprechung hinstellen? Ist es gutzuheißen, ein Verbrechen durch ein noch größeres Verbrechen zu bestrafen und zu glauben, daß dies gerechtfertigt sei?

Hat der Emir in der Vergangenheit keinen seiner Feinde getötet? Hat er etwa nicht Geld und Besitztümer seiner machtlosen Untertanen geraubt? Hat er es nicht auch versucht, eine schöne Frau zu verführen? Oder war er unfehlbar, so daß es ihm erlaubt wäre, den Mörder zum Tode zu verurteilen, den Dieb hängen und die Ehebrecherin steinigen zu lassen?

Und wer sind diejenigen, die seine Befehle ausführten: die den Dieb hängten? Waren es Engel, die vom Himmel herabgestiegen sind oder Menschen, die auch stehlen und unterschlagen, was ihnen unter die Hände kommt?

Und wer köpfte den Mörder? Waren es himmlische Propheten oder Soldaten, die selber töten und Blut vergießen, wo sie auftauchen? Und wer steinigte die Ehebrecherin? Waren es Asketen, die aus ihren Einsiedeleien kamen, oder Menschen, die sich selber ehrlos und schamlos betragen – allerdings verborgen hinter dem Schleier der Dunkelheit?

Und das Gesetz? Was ist das Gesetz? Wer sah es mit dem Licht der Sonne aus dem Herzen des Himmels herabsteigen? Welcher Sterbliche blickte in das Herz Gottes und las darin Seinen Willen für die Menschen? In welcher Epoche kamen die Engel zu den Menschen und forderten sie auf: Entzieht den Schwachen das Licht des Lebens! Vernichtet die Gefallenen und schuldig Gewordenen mit scharfem Schwert und zermalmt die Sünder mit eisernen Füßen!

Diese Gedanken bedrängten mich und erbitterten und entrüsteten mein Herz, als ich in meiner Nähe plötzlich das Geräusch von Schritten vernahm. Ich drehte mich um und sah eine junge Frau zwischen den Bäumen hervortreten; sie näherte sich den drei Kadavern, vorsichtig und ängstlich nach allen Seiten blickend. Kaum hatte sie den

Kopf des Jünglings gesehen, der auf Geheiß des Emirs geköpft worden war, da weinte und seufzte sie, kniete sich neben ihn hin und umfing ihn mit zitternden Händen; sie begann laut zu klagen, während sie seine lockigen Haare mit ihren Fingerspitzen berührte und aus tiefem Herzen schluchzte und seufzte. Als sie vom Weinen erschöpft war, beeilte sie sich, mit ihren Händen Erde auszuheben, bis sie ein breites Grab gegraben hatte; sie zog den Toten behutsam ins Grab und legte seinen blutverschmierten Kopf zwischen seine Schultern; nachdem sie ihn mit Erde bedeckt hatte, pflanzte sie das Schwert, mit dem man ihn geköpft hatte, auf sein Grab.

Als sie sich zu gehen anschickte, näherte ich mich ihr. Sie erschrak heftig und zitterte vor Angst, als sie mich sah; dann senkte sie den Kopf und heiße Tränen tropften wie Regen aus ihren Augen, und sie sagte seufzend: Klage mich ruhig beim Emir an! Es ist besser für mich zu sterben und demjenigen zu folgen, der mich aus dem Griff der Schande befreite als seinen Leichnam den Geiern, Krähen und wilden Tieren als Nahrung zu überlassen. Ich erwiderte ihr: Hab keine Angst vor mir, du Ärmste! Ich habe vor dir das Los deines Freundes beklagt. Aber wenn du willst, erzähl mir, wie er dich aus den Griffen der Schmach befreit hat?

Und sie berichtete mit erstickender Stimme: Der Befehlshaber des Emirs kam auf unsere Felder, um die Steuern einzuziehen und die Abgaben der Ernte einzusammeln. Als er mich bemerkte, sah er mich mit wollüstigen Blikken an; dann veranschlagte er eine ungewöhnlich hohe Steuer für die Felder meines armen Vaters, eine Summe, die selbst ein Reicher zu zahlen nicht imstande gewesen wäre. Da mein Vater ihm den geforderten Betrag nicht zahlen konnte, ergriff er mich gewaltsam, um mich anstelle des Geldes zum Palast des Emirs zu bringen. Mit heißen Tränen flehte ich um Erbarmen, doch er kannte kein Mitleid; vergeblich beschwor ich ihn beim Leben meines alten Vaters, mich freizulassen. Da rief ich die Männer des Dorfes um Hilfe. Und dieser junge Mann, mein Verlobter, kam und rettete mich aus den grausamen Händen des Befehlshabers; der wurde zornig und wollte ihn umbringen, aber mein Verlobter kam ihm zuvor; er ergriff ein altes Schwert, das an der Mauer hing, und schlug ihn damit nieder. Auf diese Weise verteidigte er sein Leben und meine Ehre. Da er eine stolze Seele hatte, ergriff er nicht die Flucht wie ein verbrecherischer Mörder, sondern blieb neben der Leiche des korrupten Befehlshabers stehen, bis die Soldaten kamen, ihm Handschellen anlegten und ihn ins Gefängnis brachten.

Während sie erzählte, sah sie mich mit Blicken an, die zu Herzen gehen und Mitleid und Anteilnahme wecken; dann wandte sie sich schnell ab und lief weg; das Echo ihrer schmerzbewegten Stimme, begleitet von den Schwingungen des Sephirs, lösten Ergriffenheit und Erschütterung in mir aus.

Nach einer Weile sah ich mich um und erblickte einen Jüngling in der Blüte seines Lebens, der sich den Toten näherte; sein Gesicht verbarg er ängstlich in seinem Umhang. Als er vor der Leiche der Ehebrecherin stand, nahm er seinen Umhang ab und bedeckte damit liebevoll ihre nackten Glieder. Mit Hilfe eines Dolches, den er bei sich trug, begann er, Erde auszuheben; dann hob er die Frau behutsam auf und legte sie in das Grab; und mit jedem Krümchen Erde, mit dem er sie bedeckte, tropfte eine Träne aus seinen Wimpern auf ihr Grab. Als er sein Werk beendet hatte, pflückte er einige Blumen, die dort wuchsen, und legte sie auf das Grab; einige Augenblicke blieb er davor stehen, indem er seinen Kopf beugte und seine Blicke senkte. Als er gehen wollte, hielt ich ihn an und fragte ihn:

Welche Beziehungen hast du zu dieser treulosen Frau?

Was veranlaßt dich, gegen den Willen des Emirs zu handeln und dein Leben aufs Spiel zu setzen, indem du ihren Körper vor den Raubvögeln des Himmels schützt?

Er sah mich an und seine Augenlider, die vom Weinen und Wachen gezeichnet waren, brachten seine tiefe Trauer und seinen heftigen Schmerz zum Ausdruck. Mit angestrengter und von Seufzern unterbrochener Stimme sagte er: Ich bin jener unglückliche Mann, für den sie gesteinigt wurde. Wir liebten uns seit unserer Kindheit; wir spielten zusammen im Hof zwischen unseren Häusern, und unsere Liebe wuchs mit uns, bis sie zu einem starken Herrn und Gebieter wurde, dem wir mit Herz und Seele dienten.

Eines Tages, als ich mich für kurze Zeit außerhalb der Stadt aufhielt, verheiratete ihr Vater sie gegen ihren Willen mit einem Mann, den sie verabscheute. Als ich bei meiner Rückkehr Nachricht davon bekam, verwandelten sich meine hellen Tage in eine lange dunkle Nacht, und mein Leben wurde ein sinnloser, endloser Kampf.

Ich kämpfte ständig gegen meine Gefühle an und versuchte, die Neigung in meiner Seele zu überwinden, doch meine Seele besiegte mich und führte mich, wie der Sehende den Blinden führt. Heimlich schlich ich mich eines Tages zu meiner Geliebten. Mein äußerster Wunsch war es, das Licht ihrer Augen zu sehen und den Klang ihrer Stimme zu hören. Ich fand sie einsam und allein und damit befaßt, ihr Schicksal zu beklagen und ihre Zukunft zu beweinen. Ich setzte mich zu ihr, und unsere Unterhaltung bestand aus Schweigen, und die Tugend war unsere Verbündete.

Es war kaum eine Stunde vergangen, als plötzlich ihr Mann eintrat. Als er mich sah, malte sich seine schmutzige Phantasie aus, daß wir ihn hintergangen hätten. Seinen eigenen Verdacht nahm er für bare Münze; er packte seine Frau mit groben Händen am Hals und rief mit lauter Stimme: Kommt und seht die Ehebrecherin mit ihrem Geliebten!

Die Nachbarn eilten herbei, und dann kamen die Soldaten, um sich zu erkundigen, und ihr Mann lieferte sie ihren grausamen Händen aus; sie nahmen sie auf der Stelle mit – mit ihren offenen Haaren und ihrem verschlissenen Kleid. Was mich betrifft, so hat mich keiner angerührt oder mir einen Schaden zugefügt, denn das blinde Gesetz und die korrupten Traditionen bestrafen nur die Frau, wenn sie die Ehe bricht, beim Mann aber üben sie Nachsicht.

Der junge Mann kehrte in die Stadt zurück, sein Gesicht im Gewand bergend; ich aber verweilte und dachte über seinen Bericht nach. Und die Leiche des erhängten Räubers schwankte jedesmal, wenn ein Windzug die Zweige des Baumes bewegte, leicht hin und her, als wollte sie durch ihre Bewegungen die Geister des Himmels um Erbarmen bitten, herabzusteigen und sie auf der Erde auszubreiten neben dem, der für die Ehre fiel, und neben der Märtyrerin der Liebe.

Nach etwa einer Stunde erschien eine hagere, erschöpfte Frau in abgetragenen, ausgeblichenen Kleidern; sie blieb vor dem Erhängten stehen; weinend klopfte sie sich an die Brust; dann kletterte sie auf den Baum und zerbiß den Strick mit ihren Zähnen, so daß der Tote auf die Erde fiel wie ein nasses Kleid. Die Frau kletterte von dem Baum herunter und grub neben den zwei anderen Gräbern ein drittes; darin begrub sie den Toten. Nachdem sie ihn mit Erde bedeckt hatte, nahm sie zwei Stücke Holz, machte aus ihnen ein Kreuz und richtete es über seinem Kopf auf.

Und als sie sich umdrehte, um nach Hause zu gehen, hielt ich sie an und fragte: Was hat dich, o Frau, dazu bewogen, hierher zu kommen, um diesen Räuber zu begraben? Sie schaute mich mit ihren schwarzumrandeten, tiefliegenden Augen an, in denen sich die Trauer und das Elend spiegelten, und erwiderte: Er ist mein guter Gemahl, mein liebevoller Gefährte und der Vater meiner Kinder, die schrecklichen Hunger leiden; das Älteste von ihnen ist acht Jahre und das Jüngste ist noch ein Säugling... Mein Mann war kein Dieb, sondern ein Landarbeiter. Er pflügte, bebaute und bepflanzte die Ländereien des Klosters und holte die Ernte ein; er erhielt dafür von den Mönchen nichts als ein Fladenbrot, das wir am Abend teilten, so daß nicht einmal etwas für den anderen Morgen übrig blieb.

Seit seiner frühen Jugend bewässerte er die Felder des Klosters mit dem Schweiß seiner Stirn; er säte, er bepflanzte die Ländereien mit der Kraft seiner Arme. Als er aber alt und schwach wurde, weil die jahrelange Arbeit ihn erschöpft hatte, und als Krankheiten seinen Körper heimsuchten, da entließen ihn die Mönche mit den Worten: Das Kloster braucht dich nun nicht mehr! Scher dich davon, und wenn deine Jungen größer werden, schicke sie uns, damit sie auf den Feldern deine Stelle einnehmen. Er flehte sie um Erbarmen an im Namen Jesu, aller Heiligen und der Engel des Himmels, doch sie hatten kein Mitleid mit ihm – weder mit ihm noch mit mir noch mit unseren nackten, hungrigen Kindern.

Er ging in die Stadt, um dort nach Arbeit zu suchen, doch er kehrte erfolglos zurück, denn die Bewohner dieser Schlösser stellen nur starke und junge Männer ein. Dann setzte er sich an den Wegrand und bettelte um Almosen, doch die Vorübergehenden gaben ihm nichts, vielmehr schimpften sie, daß träge und arbeitsscheue Menschen kein Almosen verdienten.

Eines Abends quälte uns der Hunger so unsäglich, daß unsere Kinder sich nur noch schwankend fortbewegen konnten und unser Säugling keine Milch in meinen Brüsten mehr fand; da änderte sich der Gesichtsausdruck meines Mannes jäh; er verließ das Haus im Schutz der Dunkelheit und betrat einen der Keller des Klosters, wo die Mönche die Ernte der Felder speicherten und den Wein der Weingärten aufbewahrten. Er nahm einen Beutel

Korn auf seinen Rücken und wollte damit zu uns zurückkehren. Doch kaum war er einige Schritte gegangen, da erwachten die Mönche aus ihrem Schlaf. Sie ergriffen ihn, schlugen und beschimpften ihn, und als der Morgen anbrach, lieferten sie ihn den Soldaten aus, indem sie behaupteten: Dies ist ein frecher Räuber; er kam in der Nacht und wollte die goldenen Gefäße des Klosters stehlen. Die Soldaten brachten ihn ins Gefängnis und dann an den Galgen; mit seinem toten Körper füllten sie die Mägen der Raubvögel, weil er versucht hatte, die Mägen seiner hungernden Kleinen mit dem Überfluß der Ernte zu füllen, die er selbst unter Mühen eingebracht hatte, als er noch im Kloster diente.

Nach diesen Worten, bei denen sich die Trauer in ihrem Gesicht in ein Gespenst verwandelte, das nach allen Seiten davonwirbelte wie Rauch, mit dem der Wind spielt, ging diese arme Frau fort.

Ich aber blieb vor den drei Gräbern stehen wie jemand, der die Grabrede halten soll und dessen Zunge vor lauter Schmerz reglos bleibt; so sprachlos war ich, aber meine Tränen ersetzten die Worte.

Ich versuchte nachzudenken, doch ich vermochte es nicht, denn unsere Seele ist wie eine Blume, die sich vor der Dunkelheit verschließt und sich der Sonne öffnet, und sie kann nicht atmen unter den beklemmenden Einbildungen der Nacht.

Ich blieb wie gebannt stehen, und aus der Erde dieser Gräber hallten die Schreie der Ungerechtigkeit, und der Nebel stieg aus den Tälern empor und umgab mich, als wollte er mir Worte eingeben.

Lange stand ich schweigend da – wenn die Menschen die Sprache des Schweigens verstünden, wären sie den Göttern näher als den Raubtieren des Waldes! Ich stand da und seufzte – und wenn die Funken meiner Seufzer die Bäume dieses Waldes berührt hätten, hätten die Bäume ihre Plätze verlassen und wären in Scharen vorgerückt, um mit ihren Zweigen den Emir und seine Soldaten zu erschlagen und mit ihren Stämmen die Mauern des Klosters über den Köpfen seiner Mönche zum Einstürzen zu bringen.

Lange betrachtete ich diese Gräber, und aus meinen Blikken ergoß sich die Bitterkeit der Trauer und die Süße des Mitleids auf sie: auf das Grab des Jünglings, der den Schutz der Ehre einer jungen Frau mit seinem Leben bezahlen mußte, weil er sie aus den Krallen eines reißenden Wolfes errettete; sie aber köpften ihn als Belohnung für seine mutige Tat. Und die junge Frau pflanzte sein Schwert auf die Erde seines Grabes als ein Symbol, das im Angesicht der Sonne vom Lohn der Tapferkeit in einem Staat der Unterdrückung und Unwissenheit berichtet...

– auf das Grab einer Frau, deren Seele die Liebe berührt hatte, bevor ein anderer ihren Körper gegen ihren Willen in Besitz nahm. Sie wurde gesteinigt, weil ihr Herz sich weigerte, untreu zu sein. Ihr Geliebter hat einen Strauß Feldblumen auf ihr Grab gelegt, damit sie, wenn sie verwelken, vom Schicksal liebender Seelen künden, die inmitten einer Nation leben müssen, die geblendet ist von der Materie und vor Gefühllosigkeit verstummt...

– und auf das Grab eines armen, unglücklichen Mannes, dessen Kräfte von der Arbeit auf den Feldern des Klosters erschöpft waren und den die Mönche verjagten, um seine Arme durch andere zu ersetzen. Er bat sie um Brot für seine Kinder als Lohn für seine Arbeit und erhielt es nicht. Als der Hunger ihn dazu zwang, sich etwas von der Ernte zurückzuholen, die er im Schweiße seines Angesichts eingebracht hatte, da nahmen sie ihn fest, verhafteten ihn und ließen ihn erhängen. Seine Witwe hat ein Kreuz auf sein Grab gesetzt, damit es in der Stille der Nacht vor den Sternen des Himmels das Unrecht der Mönche bezeuge, die die Lehre des Nazareners gegen Schwerter eintauschten, mit denen sie die Armen und Schwachen köpfen und mit deren scharfen Schneiden sie ihre Körper zerlegen.

In diesem Moment versank die Sonne hinter der Abend-röte, als wäre sie es müde, die Taten der Menschen mitan-zusehen, und verabscheue zutiefst ihre Ungerechtigkeit. Der Abend webte aus den Fäden der Dunkelheit und des Schweigens einen Schleier, mit dem er die Natur bedeckte. Ich erhob meine Augen und breitete meine Hände über diese Gräber und über ihre Symbole aus und sprach:

Sieh dein Schwert, o Tapferkeit, es ist in der Erde begra-ben! Sieh deine Blumen, o Liebe, sie werden vom Feuer versengt! Sieh dein Kreuz, Jesus von Nazareth, es ist un-tergegangen in der Dunkelheit der Nacht!

Das Brautbett*

Die Braut und der Bräutigam verließen die Kirche, gefolgt von den Gratulanten; vor ihnen her gingen Kerzenträger, und um sie herum drängten sich junge Männer, die Freudenschreie ausstießen, und junge Mädchen, die festliche Lieder sangen.

Als der Festzug das Haus des Bräutigams erreicht hatte, das mit wertvollen Möbeln, kupfernen Gefäßen und wohlriechenden Pflanzen reichlich ausgestattet war, setzten sich die Brautleute auf erhöhte Sitze, während die Gäste auf seidenen Kissen und samtbezogenen Diwanen Platz nahmen, bis der geräumige Saal von Gratulanten überfüllt war. Diener erschienen mit Getränken, die sie anboten, und von allen Seiten vernahm man das Klingen der Gläser beim Anstoßen, das sich mit den Hochrufen und Glückwünschen der Festteilnehmer vermischte. Eine Gruppe Musikanten setzte sich zu den Gästen und erfüllte den Saal mit den vertrauten, herzergreifenden Melodien, die gewebt sind aus dem Geflüster der Saiten, den Seufzern der Menschen und den Rhythmen der Tamburine.

Dann begannen die jungen Mädchen zu tanzen, und sie drehten und bogen ihre schmalen Taillen zu den Rhythmen der Melodien wie geschmeidige Zweige, die ein Hauch bewegt, und sie falteten und entfalteten ihre duftigen Röcke wie weiße Wolken, mit denen die Strahlen des Mondes spielen.

* Dieser Vorfall ereignete sich in der zweiten Hälfte des neunzehnten Jahrhunderts im Norden des Libanon; er wurde mir von einer glaubwürdigen Dame aus der Gegend berichtet, die mit einer Person dieser Geschichte verwandt ist.

Alle Köpfe wandten sich ihnen zu, alle Blicke richteten sich auf sie; die Jünglinge umarmten sie im Geiste, und die Alten berauschten sich an ihrer Schönheit. Immer häufiger füllten sie ihre Gläser und stillten ihr Verlangen am Wein. Die Bewegungen wurden schneller, die Stimmen wurden immer lauter, niemand achtete mehr auf Anstand und gutes Benehmen, und eine fröhliche Ausgelassenheit machte sich breit: die Geister waren entrückt, die Sinne erregt und die Herzen entflammt.

Das Haus mit all seinen Anwesenden glich einer Gitarre in der Hand einer Dschinnia, die die zersprungenen Saiten heftig zupft und ihnen Weisen entlockt, die harmonische Melodien und verwirrenden Mißklang vereinen.

Hier enthüllte ein Jüngling einem jungen Mädchen, dessen Schönheit es stolz und hochmütig gemacht hatte, das wohlgehütete Geheimnis seiner Liebe. Dort war ein junger Mann dabei, einer schönen Frau ein Kompliment zu machen, indem er in seinem weingeschwängerten Gedächtnis mühsam nach den passenden Worten suchte; da bat ein alter Mann, der ein Glas Wein nach dem anderen getrunken hatte, die Musikanten stammelnd darum, ein Lied zu wiederholen, das ihn an seine Jugendzeit erinnerte; hier flirtete eine Frau hemmungslos mit einem Mann, der einer anderen Frau leidenschaftliche Blicke zuwarf; dort in der Ecke saß eine weißhaarige Alte, die aufmerksam die jungen Mädchen beobachtete, um eine von ihnen als Braut für ihren einzigen Sohn auszuwählen; und da am Fenster saß eine Frau, die sich die Trunkenheit ihres Mannes zunutze machte, um sich ihrem Geliebten zu nähern.

Alle waren eingetaucht in ein Meer von Wein und Liebesliedern und der augenblicklichen Stimmung der Ausgelassenheit und Überschwenglichkeit ausgeliefert. Sie vergaßen die Ereignisse von gestern, dachten nicht an die Zukunft und waren vollauf damit beschäftigt, die Früchte des Augenblicks zu ernten.

Während sich dies alles abspielte, beobachtete die schöne junge Braut mit traurigen Augen diese Szenen – wie ein verzweifelter Gefangener, der auf die schwarzen Wände seiner Zelle blickt. Von Zeit zu Zeit schaute sie in eine Ecke des Saales, wo ein Jüngling, der etwa zwanzig Jahre alt sein mochte, abseits von der fröhlichen Menge saß wie ein verletzter Vogel, der sich von der Vogelschar abgesondert hat; seine Arme hielt er über der Brust gekreuzt, als ob er auf diese Weise sein Herz an der Flucht hindern müßte. Er starrte fortwährend auf etwas Unsichtbares in diesem Saal, als wäre sein geistiges Selbst bereits getrennt von seinem körperlichen Selbst und schwebte im leeren Raum, wo es den Geistern der Finsternis folgte.

Um Mitternacht war die Ausgelassenheit der Anwesenden überschwenglich und steigerte sich zur zügellosen Tollheit; in ihren Gehirnen gärte es, und ihre Zungen stammelten hemmungslos.

Der Bräutigam erhob sich von seinem Sitz. Er war alt und grobschlächtig und hatte offensichtlich zuviel getrunken; er ging umher und gab sich alle erdenkliche Mühe, höflich zu erscheinen.

In diesem Moment gab die Braut einem jungen Mädchen ein Zeichen, zu ihr zu kommen und sich neben sie zu setzen. Nachdem sie sich nach allen Seiten umgeschaut hatte wie jemand, der ein schwerwiegendes Geheimnis zu enthüllen hat, rückte sie ganz dicht an das Mädchen heran und flüsterte ihm mit zitternder Stimme ins Ohr: Ich beschwöre dich, teure Gefährtin, im Namen der Freundschaft, die unsere Seelen seit unserer Kindheit verbindet, und bei allem, was dir lieb und teuer ist in diesem Leben; ich beschwöre dich im Namen der Liebe, die unsere Herzen berührt, bei den Freuden deines Herzens und den Qualen meiner Seele! Gehe jetzt gleich zu Selim und bitte ihn, unbemerkt in den Garten zu kommen und unter den Weiden auf mich zu warten! Flehe ihn an in meinem Na-

men, o Susanne, meine Bitte zu erhören! Erinnere ihn an
unsere gemeinsame Vergangenheit!

Sag ihm, daß ich unglücklich bin, daß ich vor Kummer
sterbe und ihm mein Herz öffnen will, bevor die Finsternis mich umgibt! Sag ihm, daß ich verzweifelt bin und das
Licht seiner Augen sehen möchte, bevor mich das Höllenfeuer verzehrt! Sag ihm, daß ich eine Sünderin bin und bei
ihm beichten und ihn um Vergebung meiner Schuld bitten will! Eile nun zu ihm und hab keine Angst, daß dich
die Leute beobachten könnten, denn der Wein hat ihre
Ohren schon verstopft und ihre Blicke getrübt!

Susanne wechselte von dem Platz neben der jungen Braut
an die Seite Selims, der einsam und von den Feiernden abgesondert in einer Ecke des Saales saß; sie flüsterte ihm die
Worte ihrer Gefährtin ins Ohr, und ihr Gesicht spiegelte
ihre Aufrichtigkeit und Freundschaft. Der junge Mann
hielt seinen Kopf geneigt und hörte ihr zu, ohne ein Wort
zu sagen; dabei blickte er sie wie ein Verdurstender an, der
am Himmelsgewölbe einen Kelch erblickt. Mit gedämpf-
ter Stimme, die aus der Tiefe der Erde zu kommen schien,
sagte er: Ich werde sie im Garten unter den Weiden erwarten.

Er sprach diese Worte, stand auf und verließ das Haus.

Einige Minuten später erhob sich die Braut und schlich
hinaus – an Männern vorbei, die ein nettes Mädchen be-
zauberte, und vorbei an Frauen, die vom Charme eines
Jünglings fasziniert waren.

Und als sie den Garten erreichte, der mit dem Gewand
der Nacht bekleidet war, da lief sie immer rascher und sah
sich ab und zu um – wie eine ängstliche Gazelle, die vor
den reißenden Wölfen in ihre Grotte flieht; so gelangte sie
zu den Weiden, wo der Jüngling sie erwartete.

Als sie neben ihm stand, schlang sie ihre Arme um seinen
Hals, schaute in seine Augen und sagte unter Tränen, wobei sich ihre Worte überstürzten: Hör zu, mein Geliebter,

hör mir gut zu! Ich habe meine Unwissenheit und Vorei-
ligkeit bitter bereut! So sehr habe ich sie bereut, o Selim,
daß die Reue mein Innerstes schon zernagt hat. Ich liebe
dich, und außer dir liebe ich niemanden; ich werde dich
bis ans Ende meines Lebens lieben! Aber man hat mich be-
logen und mir erzählt, daß du mich vergessen hast und
eine andere mir vorziehst. Sie haben mein Herz mit ihren
Lügen vergiftet, o Selim, und füllten meine Ohren mit ihrem Gerede. Najiba berichtete mir, daß du mich verlassen
hast und sie liebst. Diese Heuchlerin täuschte meine Gefühle und betrog mich, damit ich ihren Verwandten als
Bräutigam nähme, so wie es die Familie schon längst bestimmt hatte. Und ich willigte ein, o Selim, obwohl es für
mich keinen anderen Bräutigam gibt als dich! Und nun ist
der Schleier vor meinen Augen gefallen, und ich bin zu dir
zurückgekehrt. Ich habe dieses Haus für immer verlassen
und werde es nie mehr betreten! Ich bin hierher gekommen, um mich in deine Arme zu werfen, und es gibt keine
Macht der Welt, die mich in die Arme jenes Mannes zu-
rückbringt, den ich aus lauter Verzweiflung heiratete. Ich
habe diesem Bräutigam schon den Rücken gekehrt, den
Lüge und Betrug mir auserwählten; ich habe den Vater
verlassen, den das Schicksal mir als Vormund bestimmte;
die Blumen, aus denen mir der Priester die Brautkrone
flocht, habe ich weggelegt, und von den Gesetzen, welche
die Tradition uns als Fessel überliefert hat, habe ich mich
bereits befreit. Ich habe alles verlassen in diesem Haus, in
dem die Trunkenheit und die Lüge herrschen, und bin zu
dir gekommen, um dir in ein weitentferntes Land zu folgen, bis ans äußerste Ende der Welt, zu den Wohnstätten
der Dschinne, bis in die Griffe des Todes.
Komm, Selim, und laß uns schleunigst diesen Ort verlassen! Laß uns im Schutz der Dunkelheit zur Küste eilen
und ein Schiff besteigen, das uns in ein entlegenes, unbe-
kanntes Land bringt! Laß uns gleich aufbrechen, damit

Mit lauterer Stimme als zuvor antwortete der junge Mann: Laß mich, Frau, sonst schreie ich so laut, daß sich all die Leute hier im Garten versammeln, die zu deiner Hochzeit gekommen sind. Ich werde ihnen deine Schande vor Augen führen und sie dazu bringen, daß sie dich verfluchen. Ich werde Najiba, die ich von Herzen liebe, veranlassen, dich zu verspotten, und sie wird sich freuen über ihren Sieg und über deine Niederlage.

Indem er dies sagte, löste er sich aus ihrer Umarmung. Da veränderte sich plötzlich ihr Gesichtsausdruck; ihre Augen funkelten, und ihr flehentliches Bitten schlug in zornige Strenge um. Sie wurde zur Löwin, der man die Jungen geraubt hat, oder zu einem Meer, dessen Tiefe die Stürme aufpeitschen, und sie rief mit lauter Stimme: Wem sollte es erlaubt sein, nach mir deine Liebe zu erfahren, und welchem Herz sollte es erlaubt sein, sich an den Küssen deiner Lippen zu erquicken!

Nach diesen Worten zog sie einen spitzen Dolch aus ihrem Brautkleid hervor und stach ihn blitzschnell in seine Brust.

Der Jüngling fiel zu Boden wie ein Zweig, den der Sturm geknickt hat. Sie beugte sich über ihn, während sie den Dolch in ihrer blutbenetzten Hand hielt.

Er öffnete seine Augen, die vom Tod überschattet waren, und mit bebenden Lippen stammelte er: Komm nun zu mir, meine Geliebte! Komm, Laila, und verlaß mich nicht! Das Leben ist schwächer als der Tod, und der Tod ist schwächer als die Liebe! Hör das Gelächter derer, die deine Hochzeit feiern und das Klirren ihrer Gläser! Du hast mich von der Grausamkeit dieses Gelächters und von der Bitterkeit des Trinkgelages befreit, meine Geliebte! Laß mich die Hand küssen, die meine Fesseln zerschnitten hat! Küß meine Lippen, die unaufrichtig sprachen und dir das Geheimnis meines Herzens verheimlichten. Schließe meine welkenden Lider mit deinen blutbenetzten Fingern, und wenn meine Seele in den Himmel emporsteigt, dann leg den Dolch in meine rechte Hand und sag ihnen, daß ich aus Verzweiflung und Eifersucht Selbstmord beging. Ich liebe dich, Laila, und ich liebe niemanden außer dir! Doch lieber opferte ich mein Herz, mein Glück und mein Leben, als in deiner Hochzeitsnacht mit dir zu fliehen. Küß mich, meine Geliebte, bevor die Menschen uns entdecken! Küß mich, Laila, küß mich!

Er legte seine Hand auf sein durchbohrtes Herz und gab seinen Geist auf.

Die Braut blickte zum Haus hinüber und schrie mit greller, schmerzverzerrter Stimme: Kommt, ihr Geladenen! Hier findet die Hochzeit statt! Hier ist der Bräutigam mit seiner Braut! Kommt und seht euch unser weiches Brautbett an! Erwacht, ihr Schläfer und Trunkenbolde! Eilt herbei, damit wir euch das Geheimnis der Liebe, des Todes und des Lebens zeigen!

Die Stimme der Braut drang bis in den letzten Winkel des Hauses und trug ihre Worte zu den ausgelassenen Festteilnehmern; diese lauschten und erschraken, und es schien, als hätte der Schreck schlagartig ihren Rausch vertrieben; sie drängten zu den Türen und eilten hinaus, nach allen Seiten Ausschau haltend, bis sie die Leiche entdeckten und die Braut, die neben ihr kniete. Da wichen alle ängstlich zurück, und keiner wagte es, näher heranzutreten, als ob der Anblick des Blutes und des Dolches in der Hand der Braut das Leben in ihren Leibern zum Erstarren gebracht hätte.

Die Braut wandte ihnen ihr Gesicht zu, das von Trauer gezeichnet war, und rief: Kommt, ihr Feiglinge, und fürchtet nicht den Schatten des Todes, der es in seiner Größe ablehnt, sich eurer Niedrigkeit zu nähern! Habt keine Angst vor diesem Dolch, denn er ist ein heiliges Werkzeug, das eure unreinen Körper und Seelen zu berühren verschmäht. Seht diesen schönen Jüngling im

Hochzeitsgewand! Er ist mein Geliebter, und ich habe ihn getötet, weil ich ihn liebte. Er ist mein Bräutigam, und ich bin seine Braut. Wir suchten vergeblich ein geeignetes Lager für unsere Umarmung in dieser Welt, die ihr durch eure Traditionen so eng gemacht habt, so finster durch eure Unwissenheit und so verdorben durch eure Lügen. So zogen wir es vor, in die Welt hinter den Wolken aufzubrechen.

Tretet näher, ihr Feiglinge, und fürchtet euch nicht, uns anzusehen! Vielleicht werdet ihr das Antlitz Gottes entdecken, wie es sich in unseren Gesichtern spiegelt, und vielleicht werdet ihr seine Stimme vernehmen, die aus unseren Herzen spricht.

Wo ist die lügenhafte Frau, die meinen Geliebten verleumdete, die mich belog und mir weismachte, daß er in sie verliebt sei und mich vergessen hätte? Sie hat wohl geglaubt, daß sie den Sieg davongetragen hat, als der Priester seine Hand auf meinen Kopf und den ihres Verwandten legte und uns traute? Wo ist die falsche Najiba, die höllische Schlange? Laßt sie nähertreten, damit sie sieht, zu welchem Fest sie euch einlud; nicht zur Hochzeit ihres Verwandten, den sie für mich ausgewählt hat, sondern zur Hochzeit meines Geliebten.

Ihr versteht meine Worte nicht, denn der Abgrund kann den Gesang der Sterne nicht begreifen! Ihr werdet euren Kindern die Geschichte von der Frau erzählen, die ihren Geliebten in der Hochzeitsnacht tötete, und ihr werdet euch an mich erinnern, indem eure sündigen Lippen mich verfluchen. Doch eure Nachkommen werden mich segnen, denn die Zukunft gehört der Wahrheit.

Und du unverständiger Mann, der sich des Reichtums und der List bediente, um mich zu seiner Frau zu machen, du bist das Symbol dieser unwissenden Nation, die das Licht in der Finsternis sucht, die erwartet, daß Wasser aus dem Felsen quillt und Rosen aus Disteln und Dornen erblühen. Du bist ein Sinnbild dieses Landes, das sich der Unwissenheit ausliefert wie ein Blinder, der sich einem blinden Führer anvertraut.

Du bist ein Beispiel falscher Bravour, die Köpfe und Hände abschneidet, um Halsketten und Armreife zu erhalten. Doch ich verzeihe dir deine Unwissenheit, denn die Seele, die sich über den Aufbruch aus dieser Welt freut, ist bereit, alle Fehler dieser Welt zu vergeben.

Darauf erhob die Braut ihren Dolch, und wie ein Verdurstender, der den Rand des Kelches seinen Lippen nähert, stach sie ihn in ihr Herz. Einer Lilie gleich, die von einer scharfen Sichel abgemäht wird, sank sie an die Seite ihres Geliebten. Die Frauen erschraken bei dem Anblick und schrien auf, einige von ihnen fielen in Ohnmacht. Die Männer näherten sich den beiden scheu. Doch die Braut forderte sie auf, während ihre Herzwunde heftig blutete: Kommt nicht näher und trennt unsere beiden Körper nicht! Wenn ihr es versucht, wird der Geist, der über euren Köpfen schwebt, euch vernichten! Laßt diese hungrige Erde unsere beiden Körper als einen Bissen aufnehmen! Laßt sie uns in ihrem Schoß bergen und uns beschützen, wie sie den Samen vor dem Schnee des Winters schützt, bis der Frühling anbricht und alles zum Erwachen bringt.

Die junge Braut schmiegte sich an ihren Geliebten und berührte seine kalten Lippen mit den ihren. Von ihren letzten Seufzern unterbrochen sprach sie: Schau, mein Geliebter, wie diese Eifersüchtigen unser Brautbett umstehen! Sieh, wie sie uns angaffen und vor Angst zittern! Selim, du hast lange auf mich gewartet! Hier bin ich, Bräutigam meiner Seele! Ich habe alle Bande zerschnitten und alle Fesseln gelöst! Eilen wir nun der Sonne entgegen! Wir haben uns schon viel zu lange in der Finsternis aufgehalten. Die Bilder und Gegenstände verschwimmen vor meinen Augen, und ich sehe nur noch dich, mein Geliebter. Nimm meine Lippen! Empfange meine letzten Atemzüge und laß uns aufbrechen, Selim! Die Liebe hat ihre Flügel ausgebreitet und schwebt vor uns her in die Sphären des Lichts.

Die Braut schmiegte ihr Herz an die Brust ihres Geliebten, und ihr Blut vermischte sich mit seinem; sie lehnte ihren Kopf an seinen Hals, und ihre geöffneten Augen blieben auf seine Augen gerichtet.

Die Anwesenden schwiegen, ihre Gesichter waren bleich und ihre Körper reglos, als ob der Anblick des Todes ihnen alle Kraft und jede Bewegung geraubt hätte.

Da trat der Priester vor, der die Trauungszeremonie gehalten hatte. Er wies mit seiner Rechten auf die beiden Toten, wandte sich dann an die bestürzte Menge und rief: Verflucht seien die Hände, die diese Leichen berühren, die mit dem Blut des Verbrechens und der Schande befleckt sind! Verflucht seien die Augen, die Tränen der Trauer um diese Abtrünnigen vergießen, deren Seelen schon im Höllenfeuer schmoren! Laßt die Leichen des Sohnes von Sodom und der Tochter von Gomorra auf dieser Erde liegen, die mit ihrem Blut besudelt ist, bis sich die Hunde ihr Fleisch teilen und der Wind ihre Knochen zerstreut! Kehrt zurück in Eure Häuser und flieht vor dem Verwesungsgeruch, der aus den Herzen dieser Verdammten strömt, die die Sünde beherrschte und das Verbrechen erdrückte! Entfernt Euch eiligst von diesem Ort und verstreut Euch, bevor die Flammen des Höllenfeuers Euch erreichen! Wer von Euch aber hier verweilt, der sei exkommuniziert! Er wird den Tempel nie wieder betreten dürfen, in dem sich die Gläubigen versammeln, und er wird nie mehr teilnehmen dürfen am Gebet, das die Christen verrichten!

Susanne, die von der jungen Braut als Botin zu ihrem Geliebten geschickt worden war, stellte sich beherzt vor den Priester hin, sah ihn mit tränennassen Augen an und sagte mutig: Ich werde hierbleiben, du blinder Ungläubiger! Ich werde bei ihnen Wache halten, bis die Morgendämmerung anbricht. Dann werde ich ihnen unter diesen herabhängenden Zweigen ihre letzte Ruhestätte graben, und wenn Ihr mich daran hindern solltet, werde ich mit meinen Fingern das Herz der Erde aufreißen; und solltet Ihr meine Hände festbinden, werde ich meine Zähne benutzen.

Entfernt Euch rasch von diesem heiligen Ort, der von Weihrauchduft erfüllt ist! Die Schweine meiden Wohlgerüche, und die Diebe fürchten den Herrn des Hauses und die Morgendämmerung. Eilt zurück zu Euren finsteren Lagern, denn die Gesänge der Engel, die über den beiden Märtyrern der Liebe schweben, dringen nicht in Eure Ohren, die vom Staub der Erde verstopft sind.

Die Versammelten entfernten sich vor der finsteren Miene des Priesters. Schließlich blieb Susanne allein zurück. Sie stand vor den beiden Leichen wie eine Mutter, die in der Stille der Nacht ihre Kinder wachend behütet. Und als alle gegangen waren und der Platz unter den Weiden leer und still geworden war, begann sie zu klagen und zu weinen.

Khalil der Abtrünnige

1

Scheich Abbas hatte für die Bewohner jenes abgelegenen Dorfes im Nordlibanon die gleiche Bedeutung wie ein Emir für seine Untertanen. Sein Haus, das inmitten der Hütten armer Dorfbewohner stand, glich einem Riesen unter Zwergen. Sein Leben unterschied sich von dem der anderen Bewohner, wie sich der Überfluß von der Bedürftigkeit abhebt, und sein Charakter und ihr Charakter verhielten sich zueinander, wie sich Stärke zur Schwäche verhält.

Wenn Scheich Abbas mit seinen Bauern sprach, neigten sie ihre Köpfe zum Zeichen des Einverständnisses, als ob die Kraft des Geistes ihn zu ihrem Sachwalter bestimmt hätte und als ob sie seine Zunge als ihren Sprecher ausgewählt hätte. Wenn er wütend wurde, zitterten die Bauern ängstlich und flohen vor seinem Gesicht wie Herbstblätter, die der Wind treibt. Wenn er einen von ihnen ohrfeigte, blieb der Betroffene regungslos stehen, als ob dieser Schlag vom Himmel käme und als ob es Gotteslästerung wäre, sich zu erkühnen, nach der Ursache zu forschen. Und wenn er jemandem zulächelte, sagten alle: Es gibt keinen Glücklicheren als diesen Jüngling, denn Scheich Abbas ist mit ihm zufrieden.

Diese fraglose Unterwerfung der Bauern unter Scheich Abbas Willen und ihre Angst vor seinem Zorn hatte seine Ursache nicht nur in ihrer Schwäche und seiner Stärke, es war vielmehr das Resultat ihrer Armut und der daraus entstehenden Abhängigkeit von ihm. Die Ländereien, die sie bebauten, und die Hütten, die sie bewohnten, waren sein Besitz, den er von seinen Vorfahren geerbt hatte, so wie sie Armut und Elend von ihren Vätern und Großvätern geerbt hatten.

Unter seiner Aufsicht pflügten sie die Felder, säten und pflanzten sie und brachten sie die Ernte ein; und als Gegenleistung für ihre Mühen und Anstrengungen erhielten sie lediglich einen winzigen Teil der Ernte, der kaum dazu reichte, sie aus den Krallen des Hungers zu befreien. Die meisten von ihnen brauchten vor Ablauf des langen Winters dringend Brot; und sie kamen einer nach dem anderen zu Scheich Abbas, erflehten sein Mitleid und baten ihn inständig, ihnen einen Dinar oder einen Sack Weizen vorzustrecken.

Der Scheich erfüllte ihre Bitten gern, denn er wußte, daß er von ihnen für einen Dinar zwei und für den Weizen die doppelte Menge zurückerhielt, sobald die Zeit der Ernte kam.

Auf diese Weise lebten die Unglücklichen unter der Last ihrer Schulden, die sie an Scheich Abbas ketteten, und sie in immer größere Abhängigkeit von ihm brachten – so daß sie seinen Zorn fürchteten und sein Wohlwollen erwünschten.

2

Der Winter war gekommen mit Schnee und Stürmen. Felder und Täler wurden leer bis auf die krächzenden Krähen und die entblößten Bäume. Die Dorfbewohner blieben in ihren Hütten. Nachdem sie Scheich Abbas' Speicher mit der Ernte gefüllt hatten und seine Keller mit Wein, waren sie ohne Arbeit und verbrachten den größten Teil ihrer Zeit vor der Feuerstelle in ihren Hütten, indem sie sich an Geschichten aus vergangenen Zeiten erinnerten und sich einander die Ereignisse vergangener Tage und Nächte wiederholten.

Der Dezember ging zu Ende und das scheidende Jahr hauchte seine letzten Atemzüge in den bleigrauen Himmel. Es nahte die Nacht, in der das neue Jahr gekrönt wird und den Thron des Seins einnimmt.

Das schwache Licht war verlöscht, und die Finsternis hüllte Hügel und Täler ein. Dichter Schnee fiel vom Himmel, und Stürme jagten pfeifend und heulend von den Bergeshöhen in die Schluchten und Täler; dabei brachten sie reichlich Schnee mit, der sich in den Niederungen anhäufte. Die Bäume bebten aus Angst vor dem Sturm, und die Erde zitterte vor ihm. Der Wind vermischte den Schnee, der an diesem Tag gefallen war, mit dem Schnee der vergangenen Nacht, bis die Felder, Hügel und Pässe zu einer einzigen weißen Seite wurden, auf die der Tod unverständliche Zeilen schrieb, die er dann wieder auslöschte.

Die an den Berghängen des Tales verstreut liegenden Dörfer trennte der Nebel voneinander, der auch die schwachen Lichter aufsog, die von den Fenstern der Hütten ausgingen.

Angst bemächtigte sich der Bauern, das Vieh zog sich in die Nähe seiner Krippe zurück, die Hunde versteckten sich in den äußersten Winkeln, und man vernahm nichts als den Sturm, der den Hütten und Grotten predigte: Seine furchtbare Stimme drang bald wimmernd aus den Tiefen der Täler, bald stürzte sie heulend von den höchsten Gipfeln der Berge hinab.

Es schien, als ob die ganze Natur trauere und zürne wegen der Trennung vom alten Jahr und sich am Leben in den Hütten rächen wollte, indem sie es durch Kälte, Frost und Sturm angriff.

In dieser stürmischen Nacht, in der die Natur rebellierte, war ein Jüngling von etwa zweiundzwanzig Jahren unterwegs auf dem allmählich ansteigenden Weg vom Kloster Qushaya* zum Dorf des Scheich Abbas. Die frostige Kälte hatte seine Glieder erstarrt, und Angst und Hunger zehrten an seinen Kräften. Der Schnee bedeckte seine schwarze Kutte, als ob er ihn ins Leichentuch hüllen wollte, bevor der Jüngling starb.

Der junge Mann mußte gegen den Wind laufen, der ihn immer wieder zurückwarf, als ob er es verhindern wollte, daß er die Stätten der Lebenden erreichte. Der Schnee haftete an seinen Sohlen und zog ihn hinab. Mit letzter Kraft raffte er sich wieder auf und schrie laut um Hilfe; dann ließ ihn die schneidende Kälte verstummen. Er stand zitternd da, den Elementen preisgegeben, die sich gegen ihn verschworen hatten – wie eine leise Hoffnung, die zwischen Verzweiflung und Trauer schwankt, wie ein Vogel mit gebrochenen Flügeln, der in einen Fluß gefallen ist und von der starken Strömung in den Abgrund gezogen wird.

Unter Aufbietung aller Kräfte versuchte er weiterzugehen, während der Tod ihm auf den Fersen folgte, bis seine Kräfte vollends nachließen, das Blut in seinen Adern erstarrte und sein Lebenswille ermattete und er zu Boden fiel. Er schrie mit lauter Stimme; es war der Angstschrei eines Menschen, der dem Tod ins Angesicht sieht, die Stimme eines Verzweifelten, den die Finsternis umgibt und den der Sturm gepackt hat, um ihn in den Abgrund zu schleudern – die Stimme der Liebe zum Leben vor dem Abgrund des Nichts.

* Das Kloster Qushaya ist eines der bekanntesten und reichsten Klöster im Libanon; seine Erträge werden auf mehrere Tausend Dinare geschätzt; es wird von einigen Dutzend einheimischen Mönchen bewohnt. Qushaya ist ein syrischer Ausdruck, der «Paradies des Lebens» bedeutet.

3

Im Norden jenes Dorfes stand am Abhang des Berges, etwas abgelegen von den anderen Häusern, eine kleine Hütte, die von zwei Frauen bewohnt wurde: der Witwe Rachel und ihrer Tochter Miriam, die das achtzehnte Lebensjahr noch nicht erreicht hatte. Rachel war die Witwe
des Semaan ar-Rami, der vor fünf Jahren erschlagen in
den Feldern aufgefunden worden war. Bis jetzt war es
nicht gelungen, in Erfahrung zu bringen, wer ihn getötet
hatte.

Wie alle armen Witwen lebte Rachel von ihrer Arbeit,
die sie mit Fleiß und Ausdauer verrichtete. Und wie alle
Witwen fürchtete sie den Tod und das Scheiden aus dieser
Welt. In der Erntezeit arbeitete sie auf den Feldern und las
die Ähren auf, die dort zurückgeblieben waren; im Herbst
sammelte sie die Früchte ein, die man an den Bäumen
hängengelassen hatte; im Winter strickte sie oder nähte
Kleider, wofür sie einige Drachmen erhielt oder einige
Scheffel Hirse und Mais. All ihre Arbeiten zeichneten sich
durch große Sorgfalt aus. Ihre Tochter Miriam war ein
hübsches und ruhiges, junges Mädchen, die ihrer Mutter
bei diesen Arbeiten half und ihr auch im Haus zur Hand
ging.

In jener schrecklichen Nacht saßen Rachel und ihre
Tochter in der Nähe des Feuers, dessen Kohlenglut von
Asche umgeben war, und wärmten sich; doch die von der
Feuerstelle ausgehende Wärme wurde durch die schneidende Kälte von draußen rasch abgekühlt. Über ihren
Köpfen glimmte das Licht einer Öllampe, das seine ge-
dämpften Strahlen in das Herz der Finsternis sandte –
gleich einem Gebet, das die Seele eines Verzweifelten mit
dem ersten Licht des Trostes erhellt.

Es war Mitternacht. Die beiden Frauen saßen am Feuer
und hörten das Heulen des Windes. Von Zeit zu Zeit er-

hob sich das junge Mädchen, öffnete eine Fensterluke und schaute nach draußen in die verschneite, stürmische Nacht, um dann zitternd vor Kälte und Furcht an ihren Platz am Feuer zurückzukehren.

Plötzlich bewegte sich Miriam, als ob sie aus tiefem Schlaf erwachte und fragte ihre Mutter ängstlich: Hast du gehört, Mutter? Hast du gehört, wie jemand um Hilfe ruft?

Die Mutter hob den Kopf von ihrer Arbeit, lauschte einen Moment und sagte: Nein, ich höre nichts als das Klagen des Windes, meine Tochter.

Das junge Mädchen erwiderte: Ich hörte eine Stimme, die tiefer war als das Klagen des Windes und verzweifelter als das Toben des Sturmes!

Sie stand auf, öffnete die Luke und lauschte eine Weile nach draußen. Auf einmal sagte sie: Ich habe den Hilferuf wieder gehört, Mutter!

Rachel kam zu ihr ans Fenster. Ich habe ihn dieses Mal auch gehört, sagte sie und fuhr fort: Komm, öffnen wir die Tür und schauen wir nach! Schließ das Fenster, damit der Wind die Öllampe nicht auslöscht!

Sie nahm ihren langen Umhang, hüllte sich darin ein und verließ mit festen Schritten die Hütte, während Miriam an der geöffneten Tür stehenblieb und der Wind mit ihren geflochtenen Haaren spielte. Rachel kam einige Schritte vorwärts, indem sie sich mühsam durch den hohen Schnee arbeitete. Dann blieb sie stehen und rief: Wo seid Ihr, der um Hilfe gerufen hat!

Doch niemand antwortete ihr, und auch als sie zum zweiten und dritten Mal rief, erhielt sie keine Antwort und vernahm nichts als das Heulen des Sturmes. Sie ging unbeirrt weiter und sah sich nach allen Seiten um, ihr Gesicht gegen die Wellen des rauhen Windes schützend.

Sie war kaum die Weite eines Pfeilwurfs gegangen, als sie in den tiefen Schnee eingesunkene Fußspuren entdeckte, die der Wind schon einzuebnen begann. Eilig folgte sie den Spuren in der Sorge um denjenigen, der um Hilfe gerufen hatte. Plötzlich sah sie einen menschlichen Körper vor sich im Schnee liegen – wie einen schwarzen Flicken auf einem makellos weißen Kleid. Sie beugte sich über ihn, klopfte ihm den Schnee ab, lehnte seinen Kopf an ihre Knie und legte ihre Hand auf seine Brust. Als sie das schwache Klopfen des Herzens fühlte, wandte sie sich zur Hütte und rief mit lauter Stimme: Komm, Miriam, komm mir zu Hilfe, ich habe ihn gefunden!

Miriam folgte den Fußspuren ihrer Mutter. Als sie an den Ort gelangte, wo der Jüngling regungslos im Schnee lag, seufzte sie. Er lebt noch. Hab keine Angst! beruhigte die Mutter sie. Sie legte ihre Hände unter seine Achselhöhlen und forderte Miriam auf: Halt ihn am Saum seines Gewandes fest und laß uns ihn nach Hause tragen!

Obwohl ihnen der Wind ins Gesicht peitschte und sie sich im Schnee nur mühsam vorwärtsbewegen konnten, erreichten sie schließlich doch ihre Hütte. Sie legten den Jüngling in die Nähe der Feuerstelle und Rachel begann, seine erfrorenen Glieder zu massieren, während das junge Mädchen mit dem Saum ihres Kleides seine nassen Haare trocknete. Nach einer Weile kehrte Leben in seinen Körper zurück: er bewegte sich, seine Augenlider zitterten, und er seufzte tief, was die Herzen der beiden Frauen auf seine Rettung hoffen ließ.

Nachdem Miriam seine Schuhriemen gelockert und ihm seinen feuchten Umhang abgenommen hatte, bemerkte sie erstaunt: Schau, Mutter, er trägt eine Mönchskutte!

Rachel, die gerade dabei war, einige Stücke trockenes Holz in den Ofen zu legen, wandte sich um und sagte: Normalerweise verlassen Mönche ihr Kloster nicht in einer so stürmischen Nacht! Was hat diesen Unglücklichen wohl dazu veranlaßt, sein Leben aufs Spiel zu setzen?

Das junge Mädchen fügte hinzu: Aber er trägt keinen Bart, Mutter. Gewöhnlich haben die Mönche lange Bärte.

Rachel betrachtete ihn mit mütterlicher Fürsorge und sagte: Trockne ihm gut die Füße ab, Miriam! Es spielt keine Rolle, ob er ein Mönch oder ein Verbrecher ist!

Rachel ging an den Wandschrank und holte einen kleinen Tonkrug hervor, der mit Wein gefüllt war. Sie goß davon etwas in einen Becher aus Ton und forderte ihre Tochter auf: Stütze seinen Kopf, Miriam! Wir wollen ihm einen Schluck Wein zu trinken geben, damit die Wärme in seinen Körper zurückkehrt. Rachel hielt den Rand des Bechers an die Lippen des Jünglings und ließ ihn einen Schluck trinken. Da öffnete er seine Augen und schaute zum ersten Mal seine Retter an mit einem sanften, traurigen Blick, mit dem Blick eines Menschen, der die Berührung des Lebens fühlt, nachdem er sich schon in den Krallen des Todes befunden hatte, mit einem Blick der Hoffnung auf dem Hintergrund der Verzweiflung. Dann beugte er sich vor und sagte mit zitternden Lippen: Gott möge Euch segnen!

Rachel legte ihre Hand auf seine Schulter und mahnte: Das Sprechen strengt dich zu sehr an, Bruder. Bleib nur ruhig, damit du wieder zu Kräften kommst!

Und Miriam sagte: Lege deinen Kopf auf dieses Kissen, Bruder, und rücke ein wenig näher ans Feuer!

Nach einer Weile füllte Rachel den Becher zum zweiten Mal mit Wein und gab ihm zu trinken. Zu ihrer Tochter sagte sie: Hänge seinen Umhang zum Trocknen in die Nähe des Feuers!

Miriam tat so, dann setzte sie sich neben ihn und schaute ihn besorgt und voll Mitgefühl an, als ob sie durch ihre Blicke Kraft und Wärme in seinen abgezehrten Körper zurückbringen wollte.

Rachel brachte zwei Brote und eine Holzschüssel, die mit Dibs gefüllt war, sowie einen Teller mit getrockneten Früchten. Sie hockte sich hin und fütterte ihn mit kleinen Bissen wie eine Mutter ihr Kind. Und als er gesättigt war und etwas Kraft in sich spürte, setzte er sich auf. Die roten Strahlen des Feuers spiegelten sich auf seinem bleichen Gesicht und seine traurigen Augen leuchteten, als er leise und mit dem Kopf nickend sagte: Das Mitgefühl und die Grausamkeit ringen im Herzen des Menschen wie die Elemente, die in dieser finsteren Nacht im Kampf liegen. Aber das Mitgefühl wird den Sieg davontragen, denn es kommt von Gott, und die Angst vor dieser Nacht wird vergehen bei der Ankunft des neuen Tages. Der Jüngling schwieg eine Weile, bevor er mit kaum hörbarer Stimme hinzufügte: Eine menschliche Hand hat mich in die Verbannung getrieben! Und eine menschliche Hand hat mich daraus errettet. Wie hart ist die menschliche Grausamkeit! Und wie groß ist die menschliche Güte!

Rachel fragte mit einer Stimme, in der sich ein leichter Vorwurf und mütterliche Sorge mischten: Wie konntest du es wagen, Bruder, das Kloster in dieser Nacht zu verlassen, vor der die Füchse Angst haben und sich in ihre Höhlen zurückziehen und die die Adler fürchten und vor der sie sich in Felsnischen flüchten?

Der Jüngling schloß seine Augen, als ob er die Tränen mit seinen Augenlidern in die Tiefen seines Herzens zurückverweisen wollte und sprach: Die Füchse haben ihre Höhlen und die Vögel des Himmels ihre Nester, der Menschensohn aber hat nichts, worauf er sein Haupt legen kann!

Rachel entgegnete: So sprach Jesus der Nazarener, als ein Schriftgelehrter, der ihm folgen wollte, ihn fragte, wohin er gehe.

Der Jüngling sagte: Und so spricht jeder, der dem Geist und der Wahrheit folgen will in diesem Zeitalter der Lüge und Heuchelei!

Rachel schwieg und dachte über die Bedeutung seiner Worte nach, dann erwiderte sie: Aber im Kloster gibt es doch viele Räume, die Schränke sind mit Gold und Silber gefüllt, in den Speichern häufen sich die Ernteerträge, und in den Kellern lagert Wein im Überfluß. Die Ställe sind überfüllt mit fetten Kälbern und Schafen. Was hat dich nur dazu bewogen, all das zu verlassen und in einer solchen Nacht wegzugehen?

Der Jüngling seufzte: Aus Enttäuschung verließ ich all diese Dinge und trat aus dem Kloster aus.

Rachel hielt ihm entgegen: Der Mönch im Kloster ist wie der Soldat auf dem Schlachtfeld. Wenn sein Vorgesetzter ihn tadelt, neigt er schweigend seinen Kopf, und wenn er ihm Befehle erteilt, gehorcht er ihm auf der Stelle. Ich habe gehört, daß man nur dann ein Mönch werden kann, wenn man seinen eigenen Willen, sein eigenständiges Denken und seine Neigungen völlig aufgibt. Aber ich denke doch, daß ein kluger Abt nichts von seinen Mönchen verlangt, was ihr Vermögen übersteigt. Wie konnte der Abt des Klosters Qushaya nur dein Leben dem Sturm und Schnee aussetzen?

Der Jüngling antwortete: Man ist nur dann ein Mönch in den Augen des Abtes, wenn man zu seinem willfährigen Instrument wird, gefühllos und kraftlos, und weder hört noch sieht. Ich habe das Kloster verlassen, weil ich weder blind noch stumm bin, sondern ein Mensch, der hört und sieht.

Rachel und Miriam blickten ihn an, als ob sie in seinem Gesicht ein wohlgehütetes Geheimnis entdeckt hätten, das er ihnen verschwieg, und nach einer Weile fragte die Mutter: Geht denn ein Mensch, der sieht und hört, ausgerechnet in einer solchen Nacht weg, welche die Augen blendet und die Ohren verschließt?

Der Jüngling senkte seinen Kopf und sagte leise: Man hat mich aus dem Kloster vertrieben!

Vertrieben? fragte Rachel betroffen, und Miriam wiederholte: Vertrieben?

Der junge Mann bedauerte schon, den beiden Frauen die

Wahrheit enthüllt zu haben, denn er befürchtete, daß sich ihr Mitgefühl in Mißachtung oder Verachtung verwandle, aber als er sie anschaute, fand er noch den gleichen Ausdruck der Besorgnis und Güte in ihren Gesichtern, und gleichzeitig las er darin die Wißbegierde, seine Geschichte zu kennen, und so berichtete er: Ja, ich wurde aus dem Kloster vertrieben, weil ich nicht mit meinen eigenen Händen mein Grab schaufeln wollte, weil ich es leid war, in Lüge und Heuchelei zu verharren. Meine Seele weigerte sich, sorglos und angenehm zu leben von dem Besitz der Armen und Elenden, und mein Geist lehnte es ab, die Güter des Volkes zu genießen. Ich wurde vertrieben, weil ich keine Ruhe finden konnte in den geräumigen Zimmern, die von den Bewohnern der Hütten gebaut wurden. Ich vermochte das Brot nicht mehr zu essen, das mit den Tränen der Waisen und Witwen gebacken wurde, und ich vermochte das Gebet nicht mehr zu sprechen, das der Abt verkaufte für das Geld der Gläubigen. Wie ein Aussätziger wurde ich aus dem Kloster vertrieben, weil ich den Mönchen und Priestern stets die Verse jenes Buches wiederholte, das sie zu Mönchen und Priestern gemacht hatte.

Der Jüngling schwieg. Rachel und Miriam sahen ihn immer noch sprachlos an, staunten über seinen Bericht und betrachteten sein schönes trauriges Gesicht. Von Zeit zu Zeit sahen sie sich gegenseitig an, als ob sie sich über die eigenartigen Gründe befragen wollten, die ihn zu ihnen geführt hatten. Dann wollte Rachel wissen: Wo sind dein Vater und deine Mutter, mein Bruder? Leben sie noch?

Der Jüngling erwiderte: Ich habe weder Vater noch Mutter, weder Geschwister noch eine Heimat.

Rachel drehte ihr Gesicht zur Wand, um die Tränen in ihren Augen zu verbergen. Der junge Mann hatte dies bemerkt, und sein Herz wurde warm bei dieser Anteilnahme – so wie die Blume auflebt, die zwischen Felsenwänden wächst, wenn der Morgentau auf ihr Herz tropft.

Dann fuhr er fort: Mein Vater und meine Mutter starben, bevor ich das siebte Lebensjahr erreichte. Daraufhin brachte mich der Pfarrer des Dorfes, in dem ich geboren wurde, ins Kloster Qushaya. Die Mönche freuten sich und stellten mich als Hirten für ihre Herden an.

Als ich das fünfzehnte Lebensjahr erreicht hatte, zogen sie mir diese schwarze Kutte an, stellten mich vor den Altar und forderten mich auf: Schwöre bei Gott und seinen Heiligen, daß du deine Gelübde der Armut, des Gehorsams und der Keuschheit ablegst. Ich wiederholte diese Worte, bevor ich ihren Sinn verstand, bevor ich die Bedeutung der Armut, des Gehorsams und der Keuschheit begriff, und bevor ich den engen Weg sah, den sie mir wiesen.

Mein Name war Khalil, doch seit der Ablegung meines Gelübdes nannten mich die Mönche «Bruder Mubarak». Aber sie behandelten mich nicht wie einen Bruder: Während sie höchst angenehm lebten, Fleischgerichte und köstliche Speisen genossen, gaben sie mir trockenes Brot zu essen und getrocknetes Gemüse. Und während sie sich an köstlichen Weinen und anderen alkoholischen Getränken delektierten, gaben sie mir nur Wasser zu trinken, das ich mit meinen Tränen mischte. Sie legten sich in weichen, bequemen Betten zur Ruhe und ließen mich auf einem Lager aus Stein schlafen.

Und im stillen stellte ich mir immer wieder die Frage: Wann werde ich ein Mönch sein wie sie und mit diesen Glücklichen ihre Glückseligkeit teilen? Wann werde ich würdig sein, ihre Annehmlichkeiten und Freuden zu genießen? Wann wird mir der Geruch ihrer Speisen nicht mehr das Herz brechen und die Farbe ihrer Weine mein Innerstes nicht mehr martern? Wann werde ich vor der Stimme des Abtes nicht mehr zittern?

Doch vergeblich wünschte ich, ihnen gleich zu sein, und meine Träume von einem besseren Leben waren wirkungslos. Ich mußte weiterhin die Kühe hüten, schwere Steine tragen und die Erde umgraben. All diese Arbeiten verrichtete ich für ein Stück Brot und meine enge Zelle. Ich wußte nicht, daß ich an einem anderen Ort außerhalb des Klosters leben konnte, denn sie hatten mich die Abneigung gegen alles gelehrt, was ihrer Lebensweise widersprach. Sie vergifteten meine Seele und ließen mich in Unterwerfung und Verzweiflung vegetieren, bis ich glaubte, daß diese Welt ein Meer von Traurigkeit und Elend ist und das Kloster der einzige Hafen des Glücks.

Khalils trauriges Gesicht erhellte sich plötzlich, als ob eine erfreuliche Vision vor ihm aufgetaucht wäre. Rachel und Miriam blieben still und sahen ihn unverwandt an. Nach einer Weile fuhr er fort: Aber der Himmel, der mir meine Eltern nahm und mich als Waisen ins Kloster verbannte, wollte nicht, daß ich mein ganzes Leben wie ein Blinder verbringe, der sich auf gefährlichen Engpässen bewegt. Es war nicht sein Wille, daß ich bis zum Ende meines Lebens ein unglücklicher und gedemütigter Knecht bleibe. Er öffnete meine Augen und Ohren, und er zeigte mir das helle Licht und die reine Wahrheit.

Rachel fragte ungläubig: Gibt es ein anderes Licht als das, was die Sonne ausgießt? Und ist es möglich, daß ein Mensch die reine Wahrheit erfährt?

Khalil erwiderte: Das wahre Licht ist das Licht, das aus dem Innern der menschlichen Seele hervorbricht, das den anderen das Geheimnis seiner Seele offenbart und andere glücklich macht, so daß sie singen im Namen des Geistes. Die Wahrheit aber gleicht den Sternen: sie erscheint nur auf dem dunklen Hintergrund der Nacht. Die Wahrheit ist wie alle schönen und guten Dinge in dieser Welt: ihre Wirkungen enthüllen sich nur dem, der die Unbarmherzigkeit der Falschheit und Verstellung gespürt hat. Die Wahrheit ist das verborgene Gefühl, das uns lehrt, uns zu erfreuen und die Freude mit allen Menschen zu teilen.

Rachel wandte ein: Zahlreich sind diejenigen, die nach dem Gefühl ihres Herzens leben und glauben, daß dieses Gefühl der Schatten des Gesetzes ist, das Gott den Menschen gegeben hat, aber die meisten von ihnen kennen die Freude nicht in ihrem Leben; sie bleiben unglücklich und enttäuscht bis zu ihrem Tod.

Khalil entgegnete ihr: Die Glaubenssätze und Lehren, die den Menschen unglücklich und verbittert machen, sind nichtig und wertlos. Es ist Pflicht des Menschen, glücklich zu sein auf dieser Erde und die Pfade zum Glück zu lehren, da wo er Menschen begegnet. Derjenige, der das Himmelreich in diesem Leben nicht entdeckt, wird es auch im kommenden Leben nicht erfahren. Wir sind nicht als Verbannte und Verworfene in diese Welt gekommen, sondern als Kinder, die die Freuden und Schönheiten des Lebens kennenlernen sollen und durch die Erkenntnis dieser Geheimnisse den ewigen Schöpfer anbeten. Das ist die Wahrheit, die ich entdeckte, als ich die Lehren Jesu des Nazareners las, und das ist das Licht, das seine Worte in meinem Innern bewirkten. Aufgrund dieser Lehre erkannte ich, daß das Kloster wie ein finsterer Schacht ist, aus dem die Gespenster hervorgehen, die uns Furcht und Angst einjagen und uns töten. Und das war mein Trost, als ich in den langen Stunden hungrig und seufzend im Schatten der Bäume lag.

Eines Tages, als meine Seele trunken war von diesem himmlischen Wein, faßte ich Mut und stellte mich vor die Mönche hin, als sie wie gemästete Lämmer im Klostergarten saßen. Ich begann ihnen meine Gedanken und Erfahrungen mitzuteilen und ihnen Verse aus dem Heiligen Buch vorzulesen, die ihre Abweichung von den Lehren ihres Meisters deutlich machen. Ich sagte zu ihnen: Warum verbringen wir unser Leben in dieser Zurückgezogenheit, die Güter der Armen und Unglücklichen genießend und uns sättigend an dem Brot, das mit dem Schweiß ih-

rer Stirn und den Tränen ihrer Wimpern zubereitet wird?
Warum verprassen wir die Ernteerträge der Erde, die wir
ihnen geraubt haben? Warum leben wir im Schatten des
Nichtstuns und der Trägheit, abgesondert vom Volk, das
unseres Wissens und unserer Kenntnisse bedarf? Warum
berauben wir das Land der Kraft unserer Seelen und der
Stärke unserer Arme?

Jesus der Nazarener hat Euch wie Lämmer unter die
Wölfe geschickt! Welche Lehre heißt Euch, wie Wölfe
unter Lämmern zu leben? Warum entfernt Ihr Euch von
den Menschen? Wenn Ihr besser seid als die anderen, die
sich im Reigen des Lebens bewegen, so solltet Ihr zu ihnen
gehen und sie lehren. Und wenn sie besser sind als Ihr, so
geht zu ihnen und lernt von ihnen…

Ihr gelobt die Armut und lebt wie die Prinzen! Ihr gelobt
Gehorsam und rebelliert gegen das Evangelium! Ihr gelobt
die Keuschheit, und Eure Herzen sind voller Begierden.
Ihr gebt vor, Eure Körper abzutöten, doch was Ihr tötet,
sind Eure Seelen. Ihr gebt vor, Euch von weltlichen Dingen zu enthalten, und doch seid Ihr die habgierigsten
Menschen. Ihr heuchelt Askese und Frömmigkeit und seid
wie die Tiere einzig und allein damit beschäftigt, zu wissen, wo es gutes Weideland gibt.

Kommt, laßt uns die riesigen Ländereien des Klosters den
bedürftigen Bewohnern dieses Dorfes zurückgeben! Legen
wir den Reichtum, den wir ihnen wegnahmen, in ihre
Taschen zurück! Verstreuen wir uns in alle Richtungen,
wie die Vogelscharen, und bieten wir unsere Dienste dem
schwachen Volk an, das uns stark machte. Wir werden
zusammen das Land verbessern, von dessen Erträgen wir
leben. Wir werden diese unglückliche Nation lehren, dem
Licht der Sonne zuzulächeln, sich an den Gaben des Himmels zu erfreuen und das Leben und die Freiheit zu rüh-
men…

Wahrlich, die Mühen, denen wir uns bei den Menschen

unterziehen werden, sind würdiger und beglückender als die Ruhe, die wir hier pflegen; die Güte, mit der wir das Herz des Nächsten berühren werden, ist erhabener als die in den Winkeln des Klosters verborgenen Tugenden; und das Wort des Trostes, das wir an die Schwachen, an den Verbrecher und an die gefallene Frau richten werden, ist verdienstvoller als das lange Gebet, das wir im Tempel verrichten.

Khalil schwieg eine Weile, um Atem zu holen. Dann blickte er Rachel und Miriam an und fuhr in seinem Bericht fort: Von diesen und ähnlichen Dingen habe ich zu den Mönchen gesprochen. Sie hörten mir mit Befremden und Verblüffung zu, denn es überstieg ihr Fassungsvermögen, daß ein Jüngling wie ich es wagte, vor ihnen zu stehen und in dieser Sprache mit ihnen zu reden. Kaum hatte ich zu Ende gesprochen, da trat einer von ihnen zu mir und schalt mich: Wagst du es, du Schwächling, so mit uns zu reden! Ein anderer näherte sich und spottete: Hast du diese Weisheit von den Kühen und Schweinen gelernt, in deren Gesellschaft du deine Tage verbringst? Ein anderer kam auf mich zu und drohte: Du wirst schon sehen, was dich erwartet, du Ungläubiger! Dann entfernten sich alle von mir wie die Gesunden, die vor einem Aussätzigen fliehen.

Einige von ihnen gingen zum Abt, um sich über mich zu beschweren. Bei Sonnenuntergang ließ er mich zu sich rufen, und nachdem er mich lautstark gescholten hatte, so daß alle Mönche es hören konnten und frohlockten, ordnete er meine Auspeitschung an. Sie schlugen mich mit einer Peitsche aus Seilen. Dann befahl er, mich einen Monat einzusperren. Die Mönche führten mich schadenfroh lachend in ein feuchtes, dunkles Verlies.

Einen Monat verbrachte ich wie ein lebendig Begrabener. Ich sah kein Licht und konnte das Ende der Nacht nicht vom Beginn des Tages unterscheiden. Ich fühlte nichts als das Kriechen der Insekten, und ich berührte nichts als Staub. Alles, was ich hörte, waren die Schritte eines Mönchs, der von Zeit zu Zeit kam, um mir ein Stück trockenes, verschimmeltes Brot und eine Schale Wasser zu reichen, das mit Essig vermischt war. Als ich das Gefängnis verließ und die Mönche die Auszehrung meines Körpers sahen und die Blässe meines Gesichts, glaubten sie, daß die merkwürdigen Anwandlungen meiner Seele abgestorben seien und daß sie durch Hunger, Durst und Folterqualen das Gefühl in mir abgetötet hätten, das Gott in meinem Herzen erweckt hatte...

Die Tage folgten den Nächten, und ich machte mir in den Stunden meiner Einsamkeit darüber Gedanken, auf welche Weise ich den Mönchen das Licht, das meine Seele erhellte, sichtbar machen und ihnen die Melodie des Lebens hörbar machen könnte. Aber es war unnötig, darüber nachzudenken, denn der dichte Schleier, den die langen Epochen auf ihr Verständnis und ihre Einsicht gewebt haben, kann nicht in einigen Tagen entfernt werden; und der Lehm, den die Dummheit auf ihre Ohren sprühte, ist steinhart geworden und kann nicht durch eine leichte Berührung mit den Fingern beseitigt werden.

Nach einer Weile blickte Miriam ihre Mutter an, als ob sie sie um das Wort bitten wollte, dann fragte sie Khalil: Hast du ein zweites Mal vor den Mönchen gesprochen und haben sie dich deshalb aus dem Kloster verjagt in dieser furchtbaren Nacht, die die Menschen lehren sollte, erbarmungsvoll und hilfsbereit zu sein – selbst zu seinen Feinden?

Khalil nickte und setzte seinen Bericht fort: An diesem Abend, als der Sturm immer gewaltiger wurde, saß ich abseits von den Mönchen, die sich am Feuer wärmten und damit beschäftigt waren, einander lustige Geschichten und Begebenheiten zu erzählen. Ich öffnete das Evangelium, um die Worte zu meditieren, die unsere Seelen frei ma-

chen und erfreuen und uns den Zorn der Natur und das
Wüten der Elemente vergessen lassen.

Als die Mönche mich so sitzen sahen, nahmen sie mein
Abgesondertsein zum willkommenen Anlaß, sich über
mich lustig zu machen. Einige kamen zu mir, stellten sich
vor mich hin und verspotteten und verleumdeten mich.
Ich beachtete sie nicht, schloß das Buch und sah aus dem
Fenster. Das versetzte sie in Wut, denn mein Schweigen
nahm den Wind aus ihren Segeln. Einer von ihnen fragte
mich spöttisch: Was liest du denn da, großer Meister?

Ich sah den Sprecher nicht an, sondern öffnete das Evan-
gelium wieder und las daraus mit lauter Stimme die
Worte Johannes des Täufers vor. Er sagte zu der Menge,
die hinausgekommen war, um sich von ihm taufen zu las-
sen: Ihr Schlangenbrut, wer hat Euch denn gelehrt, daß
Ihr dem kommenden Gericht entkommen könnt? Bringt
Früchte hervor, die Eure Umkehr zeigen, und sagt nicht:
Wir haben ja Abraham zum Vater. Denn ich sage Euch:
Gott kann aus diesen Steinen Kinder Abrahams machen.
Schon ist die Axt an die Wurzel der Bäume gelegt; jeder
Baum, der keine gute Frucht hervorbringt, wird umge-
hauen und ins Feuer geworfen. Da fragten ihn die Leute:
Was sollen wir also tun? Er antwortete ihnen: Wer zwei
Gewänder hat, der gebe eines davon dem, der keines hat,
und wer zu essen hat, der handle ebenso.

Als ich diese Worte gelesen hatte, verharrten die Mönche
einen Augenblick im Schweigen, als hätte sie eine unsicht-
bare Hand berührt. Dann aber begannen sie laut zu lachen, und einer von ihnen sagte: Wir haben diese Worte
schon unzählige Male gelesen, und wir brauchen keinen
Kuhhirten wie dich, um sie uns auszulegen.

Ich entgegnete ihnen: Wenn Ihr diese Worte lesen würdet
und verstehen könntet, wären die Bewohner dieses Dorfes, das jetzt vom Schnee bedeckt ist, nicht von Kälte und
Hunger geplagt, während Ihr ihre Güter genießt, den Saft

ihrer Weinreben trinkt und das Fleisch ihrer Herden eßt...

Kaum hatte ich diese Worte ausgesprochen, da schlug mich einer der Mönche ins Gesicht, als ob ich Torheiten redete; ein anderer versetzte mir einen Fußtritt, und wieder ein anderer riß mir das Buch aus der Hand. Einer benachrichtigte den Abt, der bald darauf erschien. Als sie ihn darüber informierten, was geschehen ist, richtete er sich auf, zog seine Stirn in Falten, holte tief Luft und schrie vor Zorn zitternd: Ergreift diesen Rebellen und bringt ihn weit weg von diesem Kloster! Mögen die wütenden Elemente ihn Gehorsam lehren! Schafft ihn hinaus in die eisige Finsternis, damit die Natur an ihm handelt nach dem Willen Gottes! Dann wascht von Euren Händen das Gift der Ungläubigkeit ab, das an seinen Kleidern haftet! Und wenn er zurückkehrt, Reue zur Schau tragend und Euch demütig um Mitleid bittend, öffnet ihm nicht die Tür, denn eine Natter verwandelt sich nicht in eine Taube – auch wenn sie im Käfig eingeschlossen wird, und ein Dornstrauch trägt keine Feigen – auch wenn er in den Weingarten gepflanzt wird.

Da ergriffen mich die Mönche und schleppten mich gewaltsam nach draußen, dann kehrten sie lachend zum Kloster zurück. Und bevor sie die Türen fest verschlossen, hörte ich einen von ihnen höhnisch rufen: Gestern warst du noch ein König, und deine Untertanen waren die Kühe! Heute haben wir dich entthront, denn deine Politik mißfiel uns! Geh und sei ein König der hungrigen Wölfe und der umherfliegenden Krähen und lehre sie, wie sie in ihren Höhlen und Nestern leben sollen!

Khalil seufzte und wandte sein Gesicht dem Feuer zu, das im Herd flackerte, und mit einer Stimme, deren Sanftheit verletzt, sagte er: So wurde ich aus dem Kloster vertrieben, und so übergaben die Mönche mich der Hand des Todes. Ich lief blind in die Nacht hinein, und der Nebel verhüllte den Weg vor meinem Blick, der starke Wind zerriß meine Kleider, und der Schnee reichte mir bis zu den Knien. Es dauerte nicht lange, bis sich meine Kräfte erschöpften; ich fiel hin und rief um Hilfe wie ein Verzweifelter, der weiß, daß keiner da ist, der ihn hört außer dem furchtbaren Tod und den finsteren Tälern.

Aber hinter dem Schnee und dem Sturm, hinter der Finsternis und den Wolken, hinter dem Äther und den Gestirnen, hinter allen Dingen gab es eine Macht, die alles Wissen und Erbarmen in sich vereint. Sie hörte meinen Schrei und mein Rufen, und sie wollte nicht, daß ich sterbe, bevor ich die übrigen Geheimnisse des Lebens entdeckt habe. Sie hat Euch zu mir geschickt, um mich aus den Tiefen der Abgründe des Nichts zu erretten.

Der Jüngling schwieg, und die beiden Frauen sahen ihn voll Mitgefühl und Sympathie an, was ihm bewies, daß sie ihn verstanden hatten und die Geheimnisse seiner Seele und ihre Erkenntnisse teilten. Rachel legte ihre Hand auf seine und sagte: Derjenige, den der Himmel als Verteidiger des Rechts auswählt, wird nicht untergehen! Weder werden die Ungerechten ihn überwältigen noch werden Schnee und Sturm ihn töten.

Und Miriam flüsterte: Sturm und Schnee vernichten wohl die Blumen, aber ihre Samen können sie nicht töten.

Der Zuspruch der beiden Frauen ließ Khalils Gesicht aufleuchten, wie die Strahlen der Morgenröte die Linien des Horizonts erhellen, und er sagte zu ihnen: Wenn Ihr mich nicht für einen Rebellen und Ungläubigen haltet wie die Mönche, dann ist die Unterdrückung, die ich im Kloster erduldet habe, ein Symbol für die Not, die eine Nation erleidet, bevor sie zur Erkenntnis gelangt. Und diese Nacht, in der ich dem Tod so nahe war, versinnbildlicht die Revolutionen, aus denen die Freiheit und die Gleichheit hervorgehen. Wahrlich, im empfindsamen Herzen der Frau wird das Glück der Menschen geboren, und das edle Gefühl ihrer Seele bildet die Gefühle der Menschheit.

Nach diesen Worten lehnte er sich auf das Kissen zurück, und die beiden Frauen setzten die Unterhaltung nicht fort, denn sie merkten, daß die Müdigkeit ihn überkam, die Ruhe und Wärme nach den Mühen des Weges bewirkten.

Kaum waren einige Minuten vergangen, da schloß Khalil seine Augenlider und schlief friedlich ein – wie ein Kind auf den Armen seiner Mutter. Rachel erhob sich leise, und Miriam folgte ihr, und sie setzten sich auf ihr Bett und betrachteten ihn, als ob es in seinem Gesicht eine Anziehungskraft gäbe, die ihre Geister und Herzen fesselte. Die Mutter flüsterte: Von seinen geschlossenen Augen geht eine seltsame Kraft aus, die in der Stille spricht und die guten Bestrebungen der Seele weckt.

Und Miriam sagte: Mutter, seine Hände sind wie die Hände Jesu auf dem Bild in der Kirche.

Und Rachel fügte flüsternd hinzu: In seinem traurigen Gesicht verbinden sich die Sanftheit der Frau und die Stärke des Mannes.

Und die Flügel des Schlummers trugen die Geister der beiden Frauen in die Welt der Träume. Das Feuer im Herd wurde allmählich zu Asche; dann trocknete das Öl in der Lampe, und sein Licht wurde immer schwächer, bis es schließlich erlosch. Draußen tobte der Sturm, und es fiel reichlich Schnee, den der Wind nach allen Seiten wehte.

4

Zwei Wochen waren nach dieser denkwürdigen Nacht vergangen. Zeitweise hatte sich der Himmel beruhigt, dann zürnte er wieder, bedeckte die Täler mit grauen Wolken und die Hügel und Berge mit Schnee. Dreimal schon hatte Khalil versucht, seinen Weg zur Küste fortzusetzen, und jedes Mal hatte Rachel ihn freundlich davon abgehalten, indem sie sagte:

Liefere dein Leben nicht zum zweiten Mal den wütenden Elementen aus, Bruder, sondern bleib lieber hier! Das Brot, das zwei Personen sättigt, reicht auch für drei, und das Feuer im Ofen bleibt das gleiche – nach deinem Weggang wie vor deinem Kommen. Wir sind wohl arm, aber wir leben vor dem Angesicht der Sonne wie alle Menschen, und Gott gibt uns unser tägliches Brot.

Miriam aber bat ihn mit ihren Blicken, bei ihnen zu bleiben, denn seit seiner Ankunft in dieses arme Haus – als er zwischen Leben und Tod schwankte – spürte sie durch sein Dasein eine göttliche Kraft in ihrer Seele, die ihrem Herzen neues Leben und Licht verlieh und beglückende Gefühle in ihrem Innersten weckte. Zum ersten Mal in ihrem Leben fühlte sie diese Kraft, die das lautere Herz eines jungen Mädchens in eine weiße Rose verwandelt, die sich am Morgentau erquickt und süßen Wohlgeruch verströmt.

Im Innern des Menschen gibt es kein Gefühl, das lauterer und tiefer ist als jenes verborgene Gefühl, das plötzlich im Herzen eines jungen Mädchens erwacht und die Zellen seiner Seele mit zauberhaften Melodien erfüllt. Es verwandelt ihre Tage in Träume von Dichtern und ihre Nächte in Visionen von Propheten.

Und unter den Geheimnissen der Natur gibt es kein größeres und schöneres Geheimnis als jenes Gefühl, welches das Schweigen der Seele in eine andauernde Schwingung verwandelt, die durch ihre Stärke die Erinnerungen der Vergangenheit übertönt und die Zukunft mit den Klängen süßer Hoffnungen erfüllt.

Die junge Libanesin zeichnet sich gegenüber den Mädchen anderer Nationen ganz besonders durch die Intensität ihrer Gefühle und den Reichtum ihrer Empfindungen aus, denn die einfache Ausbildung, die sie erhält und die ihrer

Vernunft nicht dazu verhilft, sich voll zu entfalten, überläßt dieses Vakuum der Seele, die unaufhörlich damit beschäftigt ist, die Geheimnisse ihres Herzens zu erkunden. Die junge Libanesin ist wie eine Quelle, die aus dem Herzen der Erde quillt und die in den Niederungen keinen Korridor findet, um als Fluß ins Meer zu fließen, so daß sie einen ruhigen See bildet, auf dessen Oberfläche sich das Licht des Mondes und der Sterne spiegelt.

Khalil spürte die Schwingungen der Seele Miriams zu seiner Seele dringen, und er ahnte, daß die heilige Flamme, die sein Herz entzündet hatte, auch das ihre berührte. Zuerst freute er sich darüber wie ein verlorenes Kind, das seine Mutter wiedergefunden hat, aber dann hielt er inne und macht sich Vorwürfe wegen seiner so schnell erwachten Gefühle, denn er sagte sich, daß die Zuneigung wie der Nebel zerrinnen wird, sobald er einige Tage von diesem Dorf entfernt ist.

Und er fragte sich im stillen: Was sind das für verborgene Geheimnisse, die uns narren und zum besten halten? Und was für Gesetze sind es, die uns manchmal auf unwegsamen, zerklüfteten Wegen gehen lassen, auf denen wir uns wie von einer Hand geführt bewegen und die uns dann wieder vor dem Angesicht der Sonne rasten lassen, so daß wir fröhlich innehalten? Manchmal lassen sie uns den Gipfel des Berges erreichen, und wir lächeln zufrieden, und ein anderes Mal lassen sie uns hinabstürzen bis in die Tiefen der Täler, und wir klagen vor lauter Leid. Was ist das für ein Leben, das uns einen Tag umarmt wie einen Freund und den anderen Tag ohrfeigt wie einen Feind? Habe ich dich nicht in der Vergangenheit verabscheut, als ich von den Mönchen des Klosters verachtet und unterdrückt wurde? Ertrug ich nicht gerne Qualen und Spott für diese Wahrheit, die der Himmel meinem Innern offenbart hat? Habe ich nicht zu den Mönchen gesagt, daß das Glück des Menschen der Wille Gottes ist?

Was bedeutet also diese Angst? Warum verschließe ich meine Augen vor dem Licht, das aus den Augen dieses jungen Mädchens strahlt? Ich bin verbannt, und sie ist arm; aber lebt der Mensch nur vom Brot allein? Ist nicht das Leben unsere Religion und unsere Erfüllung? Leben wir nicht zwischen Mangel und Überfluß wie die Bäume zwischen Winter und Sommer? Doch was wird Rachel sagen, wenn sie erfährt, daß die Seele des aus dem Kloster vertriebenen Jünglings und die Seele ihrer einzigen Tochter einander verstehen und daß sie sich beide dem höchsten Lichtkreis nähern? Was wird sie tun, wenn sie entdeckt, daß der Jüngling, den sie aus den Krallen des Todes befreite, um ihre Tochter wirbt?

Was werden die Bewohner dieses Dorfes sagen, wenn sie erfahren, daß der junge Mann, der im Kloster aufwuchs und daraus vertrieben wurde, zusammen mit diesem jungen Mädchen in ihrem Dorf leben will? Werden sie nicht ihre Ohren verschließen, wenn ich ihnen sage: Wer das Kloster verläßt, um in Eurer Mitte zu leben, ist wie ein Vogel, der die Enge des Käfigs für die Freiheit verläßt.

Und was wird Scheich Abbas sagen, der inmitten dieser armen Bauern lebt wie der Emir unter Sklaven, wenn er meine Geschichte erfährt? Und der Dorfpfarrer, wenn man ihm jene Reden wiederholt, die meine Verbannung aus dem Kloster zur Folge hatten?

Khalil stellte sich insgeheim all diese Fragen, als er in der Nähe des Ofens saß und die Feuerflammen betrachtete, die seinen Gefühlen glichen. Miriam, die ihn verstohlen ansah, las in seinem Gesicht, was er erwog, sie hörte das Echo seiner Überlegungen und fühlte seine Gedanken um ihr Herz kreisen.

Eines Abends, als Khalil in der Nähe des Fensters stand, das auf das schneebedeckte Tal hinausging, das aussah, wie in ein Leichentuch gehüllt, kam Miriam zu ihm, stellte sich neben ihn und blickte aus dem Fenster. Er schaute sie an, und als seine Augen den ihren begegneten, seufzte er, wandte seine Blicke ab und schloß seine Lider, als suche sein Geist die Tiefen der Unendlichkeit, um ein Wort zu finden, das er ihr sagen könnte.

Miriam überwand ihre Scheu und fragte ihn: Wohin gehst du, wenn der Schnee schmilzt und die Wege wieder frei sind?

Er öffnete seine großen Augen, schaute in den weiten Horizont und sagte: Ich werde dem Weg folgen, ohne zu wissen, wohin er mich führt.

Miriam erkundigte sich zaghaft weiter: Warum willst du nicht in diesem Dorf wohnen und in unserer Nähe bleiben? Ist das Leben hier nicht einem Leben in der Fremde vorzuziehen?

Ihre gutgemeinten Worte und die Melodie ihrer Stimme rührten ihn, und er erklärte ihr: Die Bewohner dieses Dorfes werden sich weigern, den aus dem Kloster Verbannten als ihren Nachbarn aufzunehmen. Sie erlauben ihm nicht die Luft zu atmen, von der sie leben, denn sie glauben, daß ein Feind der Mönche auch ein Feind Gottes und seiner Heiligen ist.

Miriam schwieg, denn diese schmerzliche Wahrheit ließ sie verstummen. Khalil stützte seinen Kopf auf die Hand und sagte nachdenklich: Die Bewohner dieses Dorfes lernten von den Mönchen und Priestern den Haß gegen jeden, der selbständig denkt und handelt. Sie ahmen sie nach und wie sie mißtrauen sie allen, die ihr Leben eigenständig gestalten, indem sie suchen und forschen und nicht einfach folgen. Wenn ich in diesem Dorf bleibe und zu seinen Bewohnern sage: Kommt, meine Brüder, beten wir nach den Eingebungen unserer Seelen und nicht wie die Mönche und Priester es wollen, denn Gott gefällt das schlichte Gebet besser als das nachgesprochene, dann werden sie sagen: Er ist ein Ketzer, der sich der Autorität widersetzt, die Gott in die Hände seiner Priester gelegt hat! Und wenn ich ihnen sage: Brüder, lauscht der Stimme Eurer Herzen und tut den Willen des Geistes, der in Eurer Seele wohnt, dann werden sie sagen: Er ist ein Aufrührer! Er will uns zum Ungehorsam verführen gegenüber den Institutionen, die Gott zwischen Himmel und Erde als Mittler aufgestellt hat!

Khalil blickte Miriam in die Augen, und mit einer Stimme, die mit dem Klang silberner Saiten spricht, sagte er: In diesem Dorf, Miriam, gibt es jedoch eine magische Kraft, die mich anzieht – eine himmlische Macht, die mich die Demütigungen der Mönche vergessen ließ. In diesem Dorf begegnete ich dem Tod von Angesicht zu Angesicht, und hier umarmte meinen Geist der Geist Gottes. In diesem Dorf gibt es eine Blume, die zwischen Dornen wächst; ihre Schönheit zieht meine Seele an, und ihr Duft erfüllt mein Herz. Kann ich diese Blume verlassen und weggehen, um meine Überzeugung zu verkünden, die mich aus dem Kloster trieb, oder soll ich an ihrer Seite bleiben und für meine Ideen und Träume ein Grab schaufeln zwischen den Dornen, die sie umgeben? Was soll ich tun, Miriam?

Bei diesen Worten zitterte Miriam wie eine Lilie vor der Brise der Morgendämmerung, und das Glück ihres Herzens leuchtete aus ihren Augen. Sie sagte: Wir beide sind in den Händen einer verborgenen, gerechten und gütigen Macht. Lassen wir sie mit uns machen, was sie will!

Seit dieser Zeit verband Khalil und Miriam ein gemeinsames starkes Gefühl, und ihrer beider Seelen waren wie eine einzige brennende Flamme, die Licht verbreitet und Wohlgeruch verströmt.

5

Von Anbeginn der Zeit bis in unsere Tage hinein verbündet sich die Klasse der Herrschenden mit der Geistlichkeit gegen das Volk. Das ist eine chronische Krankheit, die die menschliche Gemeinschaft befallen hat und von der sie nur durch die Ausrottung der Unwissenheit befreit werden kann. Erst wenn der Verstand König und das Herz Priester ist, wird diese Welt gesunden.

Der Nachkomme einer Herrscherfamilie errichtet sein Schloß mit den Muskeln der Armen und Unwissenden; der Priester baut seinen Tempel auf den Gräbern der Gläubigen. Der Emir bedient sich der Kräfte des armen Bauern, und der Priester streckt seine Hand aus nach seiner Tasche. Der Herrscher blickt mit strenger Miene auf die Söhne der Felder, und der Bischof betrachtet sie schmunzelnd. Und zwischen der düsteren Miene des Tigers und dem listigen Lächeln des Fuchses wird die Herde zugrundegerichtet. Der Herrscher beruft sich auf das Recht und der Priester auf die Religion, und auf diese Weise unterdrücken sie Körper und Geist des Menschen.

Und im Libanon, diesem Gebirge, das reich ist an Licht und Sonne, aber finster, was das Licht der Wissenschaft und Forschung betrifft, haben sich Herrscher und Priester gegen die Armen und Schwachen verbündet, die das Land bewirtschaften und die Ernte einbringen und die immer auf der Hut sein müssen vor dem Schwert des einen und dem Fluch des anderen.

Der Herrscher sitzt im Libanon in seinem Palast und verkündet den Libanesen: Der Sultan hat mich zum Haupt Eurer Leiber bestimmt! Und der Priester stellt sich vor den Altar und ruft: Gott hat mich zum Sachwalter Eurer Seelen erwählt. Und die Libanesen verharren still, denn die Herzen, die in Erde eingehüllt sind, brechen nicht, und die Toten weinen nicht.

Scheich Abbas, der in seinem Dorf Gouverneur, Richter und Emir zugleich war, schätzte die Mönche des Klosters; er achtete und schützte ihre Lehren, denn sie unterstützten ihn in dem Bestreben, die Bauern ihrer Ländereien gefügig und gehorsam zu halten.

An diesem Abend, während Khalil und Miriam sich dem Thron der Liebe näherten und Rachel, die das Geheimnis ihrer Herzen ahnte, sie wohlwollend betrachtete, kam der Priester Elias, der Pfarrer dieses Dorfes war, zu Scheich Abbas. Er berichtete ihm, daß die frommen Mönche einen jungen Rebellen aus ihrem Kloster vertrieben hätten, der vor zwei Wochen in dieses Dorf gekommen sei, wo er im Hause der Witwe des Simon ar-Rami wohne.

Der Priester Elias ließ es nicht dabei bewenden, dem Scheich die Nachricht zu überbringen, sondern er fuhr fort: Der Teufel, den man aus dem Kloster vertrieben hat, verwandelt sich hier gewiß nicht in einen Engel, und der Feigenbaum, den der Herr der Felder gefällt und ins Feuer geworfen hat, bringt sicher keine Frucht mehr. Wenn wir wollen, daß dieses Dorf heil bleibt und nicht von den Keimen bösartiger, ansteckender Krankheiten verseucht wird, müssen wir diesen Jüngling aus unseren Häusern und von unseren Feldern vertreiben, wie es die Mönche des Klosters taten.

Und woher weißt du, fragte Scheich Abbas den Priester, daß dieser Jüngling in unserem Dorf wie eine ansteckende Krankheit sein wird? Wäre es nicht besser, ihn bei uns zu halten und ihn damit zu beauftragen, die Kühe zu weiden und sich um unsere Weingärten zu kümmern? Wir brauchen dringend Arbeiter, und wenn der Himmel uns einen jungen Mann mit kräftigen Armen über den Weg schickt, sollten wir ihn lieber anstellen als ihn wegzuschicken.

Der Priester lächelte hinterhältig, und indem er mit seinen Fingern durch seinen dichten Bart strich, sagte er: Wenn dieser junge Mann für die Arbeit zu gebrauchen wäre, hätten ihn die Mönche sicher nicht weggeschickt, denn die Ländereien des Klosters sind umfangreich und das Vieh ist zahlreich. Der Maultiertreiber des Klosters, der gestern abend bei mir war, hat mir berichtet, daß dieser Jüngling vor den versammelten Mönchen aufrührerische

Verse vorzulesen pflegte, in denen er zur Gotteslästerung und Revolution aufrief. Mehrmals soll er die Mönche aufgefordert haben, die Felder des Klosters, seine Weingärten und seine Reichtümer den Dorfbewohnern zurückzugeben. Er legte ihnen nahe, das Kloster zu verlassen und zu arbeiten, weil das ein besserer Kult sei als Gebet und Anbetung. Es wurde mir auch berichtet, daß weder Tadel noch Auspeitschung, noch die Finsternis des Gefängnisses diesen Ungläubigen auf den rechten Weg zurückbringen konnten. Ja, im Gegenteil, all diese Maßnahmen nährten den Teufel in seiner Seele wie die Menge des Schmutzes die Zahl der Insekten vergrößert.

Scheich Abbas sah aus wie ein Tiger, der sich auf seine Beute stürzt, als er mit lauter Stimme nach seinen Dienern rief. Drei eilten sofort herbei und stellten sich vor ihn auf, um seine Befehle entgegenzunehmen. Er befahl ihnen: Im Hause der Witwe Rachel befindet sich ein Verbrecher in der Kutte eines Mönchs. Bringt ihn gefesselt hierher! Und wenn die Frau sich widersetzt, schleift sie an den Haaren her, denn wer dem Verbrecher hilft, macht sich schuldig! Die Diener neigten ihre Köpfe und eilten hinaus, um den Willen ihres Herrn auszuführen. Scheich Abbas und der Priester blieben zurück und besprachen, was mit dem Jüngling und der Witwe Rachel zu geschehen habe.

6

Der Tag war vergangen; die Nacht brach an und breitete ihre dunkle Decke auf den schneebedeckten Hütten aus. Die Sterne standen am Himmel, der finster und kalt war wie die Hoffnung auf die Ewigkeit während des Todeskampfes. Die Bauern hatten die Türen und Fenster ihrer Hütten geschlossen und die Öllampen angezündet. Sie saßen um ihre Feuerstellen und wärmten sich.

Während Rachel, Miriam und Khalil um den Tisch saßen und zu Abend aßen, klopfte es an die Tür, und die Diener von Scheich Abbas drangen in die Hütte ein, ohne eine Antwort abzuwarten. Rachel drehte sich erschrocken um, und Miriam seufzte ängstlich. Khalil blieb ruhig, als ob ihm seine Seele das Kommen dieser Männer vorhergesagt hätte.

Einer der Diener schlug Khalil auf die Schulter und fragte grob: Bist du nicht der Jüngling, der aus dem Kloster vertrieben wurde?

Ich bin es! Was wollt Ihr von mir? entgegnete Khalil mit ruhiger Stimme.

Der Mann antwortete: Wir sollen dich gefesselt zu Scheich Abbas bringen, und wenn du dich uns widersetzen solltest, schleifen wir dich wie ein getötetes Lamm über den Schnee!

Rachel erhob sich. Ihr Gesicht war bleich und ihre Stirn in Falten gezogen. Mit zitternder Stimme fragte sie: Warum wollt Ihr ihn fesseln? Welches Verbrechen hat er denn begangen?

Und Miriam sagte mit einer Stimme voller Mitgefühl: Er ist allein und Ihr seid zu dritt! Es ist feige, daß Ihr Euch miteinander verbündet, um ihn zu bezwingen!

Da rief einer der Diener zornig: Gibt es in diesem Dorf eine Frau, die sich dem Willen des Scheich Abbas entgegenstellt? Bei diesen Worten nahm er eine dicke Kordel, die um seine Taille gewickelt war, und machte sich daran, die Handgelenke Khalils damit zu fesseln. Khalil erhob sich ohne eine Miene zu verziehen, und sein Kopf blieb aufrecht wie ein Turm inmitten des Sturms.

Traurig lächelnd sagte er zu den Männern: Ich habe Mitleid mit Euch, denn Ihr seid ein starkes, aber blindes Instrument in der Hand eines schwachen Sehenden! Er tut Euch Unrecht und zerbricht die Schwachen dank Eurer Kräfte. Ihr seid Sklaven der Unwissenheit, und die Unwissenheit ist schwärzer als die Haut des Afrikaners; sie unterwirft sich bedenkenlos dem Unrecht und der Grausamkeit. Früher war ich wie Ihr, Männer, und morgen werdet Ihr wie ich sein, aber jetzt gibt es einen tiefen Graben zwischen uns, der meinen Appell an Euch auslöscht und Euch meine Wahrheit verhüllt. Ihr könnt mich weder hören noch sehen! Hier bin ich! Fesselt mich und macht mit mir, was Ihr müßt!

Die Männer schauten ihn verblüfft an, und sie waren einen Moment verwirrt, als ob die Sanftheit seiner Stimme sie verzaubert und die guten Regungen geweckt hätte, die in den Tiefen ihrer Herzen schlummerten. Doch dann fuhren sie fort, ihn zu fesseln, als hätten sie das Echo der Stimme von Scheich Abbas gehört, die sie daran erinnerte, ihre Pflicht zu verrichten, für die sie ausgeschickt worden waren. Sie beendeten ihr Werk und führten Khalil schweigend ab – während sie in den Falten ihres Gewissens einen leisen Schmerz spürten. Rachel und Miriam folgten ihm bis ins Haus des Scheich Abbas – wie die Frauen von Jerusalem, die Jesus nach Golgatha begleiteten.

7

Neuigkeiten – ob sie bedeutend oder unbedeutend sind – werden bei Dorfbewohnern mit der Schnelligkeit des Gedankens weitergetragen, denn ihre weite Entfernung von allen Ereignissen des geselligen und gesellschaftlichen Lebens bewirkt es, daß sie sich mit aller ihnen zu Gebote stehenden Aufmerksamkeit für das interessieren, was in ihrem begrenzten Umkreis geschieht. Während der Wintertage, wenn die Felder und Gärten unter der Schneedecke schlummern und alles Leben sich ängstlich in die Nähe des Feuers zurückzieht, um sich dort aufzuwärmen, entwickeln die Bewohner kleiner Dörfer um so mehr den

Wunsch und das Bedürfnis, Geschichten und Neuigkeiten zu erfahren und mit diesen Eindrücken die leeren Wintertage zu füllen, und die Abende und Nächte verbringen sie damit, über sie zu sprechen.

So war es auch an diesem Abend. Kaum hatten die Diener des Scheich Abbas' Khalil festgenommen, da hatte sich die Neuigkeit auch schon bei sämtlichen Bewohnern jenes Dorfes herumgesprochen. Sie verließen ihre Hütten und kamen von allen Seiten herbeigeeilt wie zerstreute Soldaten. Kaum waren die Diener mit dem gefesselten Jüngling im Palast des Scheich Abbas' angekommen, da versammelten sich auch schon um ihn herum die Männer, Frauen und Kinder des Dorfes. Alle reckten die Hälse, beseelt von dem Wunsch, einen Blick auf den Ungläubigen zu werfen, den man aus dem Kloster vertrieben hatte, sowie auf die Witwe Rachel und ihre Tochter Miriam, die sich dem Abtrünnigen zugesellt hatten, um das Gift der höllischen Krankheit in ihrem Dorf zu verbreiten.

Scheich Abbas thronte auf einem erhöhten Sitz, und an seiner Seite saß mit übereinandergeschlagenen Beinen der Priester Elias. Die Diener und Bauern standen vor ihnen und blickten auf den gefesselten Jüngling in ihrer Mitte, der mit erhobenem Kopf aufrecht dastand wie ein hoch aufragender Berg in der Ebene. Rachel und Miriam standen hinter ihm; Angst schlich um ihre Herzen, und die harten, neugierigen Blicke der Menge verletzten ihre Seelen. Doch was kann die Angst dem Gefühl einer Frau anhaben, die die Wahrheit gesehen hat und ihr folgt? Und was können die strengen Blicke der Menge im Herzen eines jungen Mädchens ausrichten, das den Ruf der Liebe gehört hat und ihm folgt?

In diesem Moment blickte Scheich Abbas den Jüngling mit strenger Miene an und rief mit einer Stimme, die der Brandung des Meeres glich: Wie heißt du, junger Mann?

Er antwortete: Mein Name ist Khalil!

Der Scheich erkundigte sich weiter: Wer sind deine Familie und deine Verwandten und welcher ist dein Geburtsort?

Khalil wandte sich den Bauern zu, die ihn mit Haß und Abneigung ansahen, und erwiderte: Die Armen, Elenden und Unterdrückten sind meine Familie, und dieses weite Land ist meine Heimat.

Scheich Abbas lachte und sagte spöttisch: Diejenigen, mit denen du verwandt sein willst, verlangen deine Bestrafung, und das Land, das du deine Heimat nennst, weigert sich, dich zu seinen Bewohnern zu zählen.

Khalils Herz schlug heftig, als er entgegnete: Die unwissenden Völker ergreifen ihre besten Söhne und liefern sie der Grausamkeit der Ausbeuter und Unterdrücker aus; und das Land, das von Schmach und Erniedrigung überzogen ist, unterjocht diejenigen, die es lieben und erretten. Aber wird der gute Sohn seine Mutter verlassen, wenn sie krank ist? Und wird der aufrichtige Bruder seinen Bruder verleugnen, wenn er elend ist?

Diese Unglücklichen, die mich dir heute ausgeliefert haben, haben dir vorher ihre eigenen Nacken ausgeliefert; und diejenigen, die mich heute vor dir erniedrigen, säen die Körner ihrer Herzen in deine Felder und vergießen ihr Blut für dich. Diese Erde, die sich weigert, mich unter ihre Bewohner zu zählen, ist dieselbe Erde, die ihr Maul nicht aufsperrt, um die Tyrannen und Ausbeuter zu verschlingen.

Scheich Abbas brach in schallendes Gelächter aus, als ob er den Geist des jungen Mannes mit seinem Lachen verwirren und Khalil daran hindern wollte, die Herzen der einfachen Zuhörer zu erobern, und er sagte: Warst du nicht Hirte der Bullen im Kloster, du unverschämter Dickschädel? Warum hast du deine Herde verlassen und bist vertrieben worden? Dachtest du, das Volk hätte mehr Mitleid mit dir als die frommen Mönche im Kloster?

Ich war ein Hirte und kein Schlächter, entgegnete Khalil.
Ich führte das Vieh auf grüne Wiesen und fruchtbare
Weiden und weidete es nie auf unbewachsenem, trocke-
nem Land. Zu frischen Quellen führte ich es und hielt es
fern von schmutzigen Sümpfen. Am Abend brachte ich es
in die Ställe zurück und ließ es nie über Nacht in den Tälern als Beute für die Wölfe und andere Raubtiere.
So hütete ich meine Herde. Und wenn du dich ebenso um
deine ausgemergelte Gemeinde gekümmert hättest, die
hier um uns steht, würdest du nicht in diesem prächtigen
Palast wohnen, während sie vor Hunger sterben in ihren
dunklen Hütten. Und wenn du Mitleid hättest mit den
Söhnen Gottes wie ich mit der Herde des Klosters, dann
säßest du jetzt nicht auf diesem Sitz aus Seide, während sie
wie nackte Rohre vor dem Nordwind stehen...
Scheich Abbas bewegte sich ärgerlich auf seinem Sitz, auf
seine Stirn traten Schweißperlen. Sein höhnisches Lachen
verwandelte sich in bitteren Zorn, doch er beherrschte
sich, um sich vor seinen Untertanen keine Blöße zu geben.
Er machte eine wegwerfende Handbewegung und sprach:
Wir haben dich nicht gefesselt zu uns holen lassen, du ei-
fernder Ketzer, um deine Predigten anzuhören, sondern
wir ließen dich kommen, um dich zu richten. Denk daran, daß du vor dem Herrn dieses Dorfes und vor dem Repräsentanten unseres Emirs, des Emirs Amin asch-Schehabi*, stehst, den Gott segnen möge, sowie vor dem Priester
Elias, der die heilige Kirche vertritt, die du verleugnet
hast. Verteidige dich, wenn du der Anklage etwas entge-
genzusetzen hast, ansonsten knie dich hin, flehe um Erbarmen und bereue dein Vergehen vor uns und vor der
Menge, die dich verspottet; vielleicht werden wir dir verzeihen und dich zum Hirten für unsere Kühe machen und

---

* Der Emir Amin asch-Schehabi ist der Sohn des Emir Baschir des Großen; er
regierte das Gebirge nach dem Tod seines Vaters.

dich mit der Arbeit betrauen, die du im Kloster verrichtet hast.

Khalil antwortete mit ruhiger Stimme: Ein Verbrecher kann nicht von Verbrechern gerichtet werden, und der Abtrünnige kann sich nicht vor Heuchlern verteidigen.

Und indem er die zahlreich herbeigeströmte Menge in diesem großen Saal ansah, fuhr er mit klarer Stimme fort, die dem Läuten silberner Glocken glich: Brüder, der Mann, den Eure Unterwürfigkeit und Eure Ergebung zum Herrn über Eure Felder gemacht haben, ließ mich gefesselt vorführen, um mich in Eurem Namen zu verurteilen in diesem Schloß, das auf den Knochen Eurer Väter und Vorväter gebaut wurde. Und der Mann, den Euer Glaube zum Priester der Gemeinde gemacht hat, ist gekommen, um mich zu richten und Scheich Abbas dabei zu assistieren, wie er mich bestraft und demütigt.

Und Ihr seid von allen Seiten hierhergeeilt, um mich leiden zu sehen und zu hören, wie ich um Gnade und Erbarmen flehe. Ihr habt die Plätze vor Euren Feuerstellen verlassen, um Euren Sohn und Euren Bruder gefesselt und erniedrigt zu sehen. Ihr seid herbeigeströmt, um die Beute in den Krallen der Raubvögel zu erblicken. Ihr seid gekommen, um den ungläubigen Verbrecher im Angesicht seiner Richter stehen zu sehen. Ich bin dieser Verbrecher! Ich bin der Ketzer! Hört mich an und seid nicht mitleidig, sondern gerecht, denn Mitleid gebührt dem Verbrecher, die Unschuldigen aber verlangen Gerechtigkeit.

Ich erwähle Euch zu meinen Richtern, denn der Wille des Volkes ist der Wille Gottes. Gebt acht, hört mir gut zu, und dann richtet mich, wie es Euer Gewissen für richtig hält. Man hat Euch gesagt, daß ich ein Verbrecher und ein Ketzer bin, doch Ihr kennt mein Verbrechen nicht. Ihr saht mich gefesselt wie einen gefährlichen Übeltäter, doch Ihr habt mein Vergehen noch nicht erfahren. Die wahren Verbrechen bleiben in diesem Land hinter dem Nebel verborgen, und die Strafe erscheint den Menschen wie ein Blitz in finsterer Nacht.

Mein Verbrechen, Ihr Männer, ist, daß ich Euer Unglück begriffen und das Gewicht Eurer Ketten gespürt habe. Und mein Vergehen, Ihr Frauen, ist mein Erbarmen mit Euch und Euren Kindern, die das Leben aus Euren Brüsten saugen, vermischt mit dem Atem des Todes.

Ich bin einer von Euch, die Ihr hier versammelt seid. Meine Eltern und Vorfahren lebten in diesen Tälern, die Eure Kräfte erschöpfen, und sie starben unter dem Joch, das Eure Nacken beugt. Ich glaube an Gott, der den Ruf Eurer leidgeprüften Herzen vernimmt und Eure zerschlagenen Herzen sieht. Ich glaube an das Heilige Buch, das uns alle zu Brüdern macht. Ich glaube an die Lehren, die mich und Euch aus der Sklaverei der Menschen befreien. Und ich bin überzeugt, daß wir alle aufrecht und ohne Ketten auf dieser Erde leben sollen, die Gottes Fußschemel ist!

Ich arbeitete im Kloster als Hirte. Doch meine Einsamkeit draußen bei den stummen Tieren hat mich nicht blind gemacht für die Tragödie, die sich auf den Feldern abspielt; und sie hat meine Ohren auch nicht verschlossen vor dem Schrei der Verzweiflung, der sich aus den Winkeln Eurer Hütten erhebt. Er weckte mich auf, und ich sah mich fern von Euch im Kloster, während ich Euch wie eine Herde Schafe durch die Felder gehen sah, die einem Wolf folgte, der sie in seine Höhle führte. Ich hielt mitten auf dem Weg an und schrie um Hilfe. Da griff mich der Wolf an und biß mich mit seinen scharfen Zähnen, dann überlistete er mich und schleppte mich weit weg, damit mein Geschrei nicht die Herde alarmiere, denn er befürchtete, daß sie sich aus Angst in alle Richtungen zerstreue und ihn allein und hungrig im Dunkel der Nacht zurücklließe.

Ich ertrug Gefängnisstrafen, Hunger und Durst wegen dieser Wahrheit, die ich mit Blut auf Euren Gesichtern geschrieben sah. Ich erduldete Auspeitschung, Spott und Hohn, weil ich Euren tiefen Seufzern im Kloster Ausdruck verlieh. Ich hatte nie Angst, und mein Herz wurde nie schwach, denn Euer Schrei verfolgte mich und stärkte meine Kräfte und ließ mich Folter, Verachtung und Tod gern in Kauf nehmen.

Ihr fragt Euch jetzt sicher: Wann haben wir geschrien, weil wir unterdrückt waren? Wer von uns hätte je den Mut besessen, seinen Mund zu öffnen? Aber ich sage Euch, daß Eure Seelen jeden Tag schreien wegen des Unrechts, das ihnen zugefügt wird; und Eure gequälten Herzen rufen jede Nacht um Erbarmen. Doch Ihr könnt die Seufzer Euerer Seelen nicht hören, denn der Sterbende vernimmt sein eigenes Röcheln nicht, und nur diejenigen, die in seiner Nähe sitzen, hören es. Und der abgeschossene Vogel tanzt noch eine Weile unruhig flatternd, ohne es wahrzunehmen, und nur diejenigen, die ihn beobachten, merken es.

Zu welcher Stunde des Tages seufzen Eure Seelen nicht vor Schmerz? Ist es am Morgen, wenn der Überlebenswille Euch aufscheucht, den Schleier des Schlafes vor Euren Augenlidern zerreißt und Euch wie Sklaven auf die Felder schickt? Oder ist es am Mittag, wenn Ihr Euch am liebsten unter die schattenspendenden Bäume setzen würdet, um Euch vor den Pfeilen der brennenden Sonne zu schützen, und es nicht dürft? Oder ist es am Abend, wenn Ihr hungrig von der Arbeit in Eure Hütten heimkehrt und dort nichts anderes findet als trockenes Brot und trübes Wasser? Oder ist es in der Nacht, wenn Ihr Euch müde auf Eure steinernen Ruhestätten werft und unruhig schlaft? Kaum hat der Schlummer Eure Augenlider mit Kohel bestrichen, da hört Ihr in Eurer Einbildung schon die Stimme von Scheich Abbas, die Euch weckt und zur Arbeit antreibt.

Und in welcher Jahreszeit weinen Eure Herzen nicht vor

Kummer? Ist es im Frühling, wenn die Natur Ihr neues Gewand trägt und Ihr hinausgeht und sie in Euren abgetragenen und verschlissenen Kleidern bestaunt? Ist es im Sommer, wenn Ihr bei der Ernte die Korngarben einsammelt und damit die Speicher Eures ungerechten Herrn füllt, während Ihr für Eure Mühen nur Stroh und Unkraut erhaltet? Ist es im Herbst, wenn Ihr die Früchte einsammelt und die Trauben preßt und Euer Anteil daran Essig und Eicheln sind? Oder ist es im Winter, wenn das garstige Wetter mit Kälte, Schnee und Sturm Euch in Eure Hütten treibt, wo Ihr Euch seufzend ans Feuer setzt, den Zorn der Elemente fürchtend?

Das ist Euer Leben, Ihr Unglücklichen! Das ist die Nacht und Finsternis, die Euren Geist überschattet! Das sind die Phantome Eurer Erniedrigung und Eures Elends! Das ist der andauernde Schrei, den ich aus den Tiefen Eurer Herzen dringen hörte! Ich erwachte davon und lehnte mich auf gegen das Verhalten der Mönche und empörte mich gegen Ihre Lebensweise.

In Eurem Namen und im Namen der Gerechtigkeit wies ich sie auf Ihre Ungerechtigkeit hin. Sie schalten mich einen Ketzer und vertrieben mich aus dem Kloster. Ich kam zu Euch, um Euer Unglück zu teilen, in Eurer Nähe zu leben und meine Tränen mit den Euren zu mischen. Ihr habt mich gefesselt Eurem mächtigen Feind ausgeliefert, der dank Eurer Reichtümer im Überfluß lebt und sich dank Eurer Mühen seinen Magen füllt!

Gibt es unter Euch niemanden, der weiß, daß die Erde, die Ihr bewirtschaftet und deren Ernteerträge andere genießen, in Wahrheit Euch gehört und daß Scheich Abbas sie Euren Vorfahren enteignete, als das Recht auf der Schneide des Schwertes geschrieben stand? Und habt Ihr nicht gehört, daß die Mönche Euren Vorfahren Eure Felder und Weingärten abgebettelt und abgelistet haben, als die Lehren der Religion auf den Lippen des Priesters geschrieben waren? Wißt Ihr nicht, daß die Repräsentanten der Religion und die Vertreter der Herrschaft einander beistehen, um Euch zu unterwerfen, um Euch zu erniedrigen und das Blut Eurer Herzen Tropfen um Tropfen auszusaugen? Gibt es einen unter Euch, dem nicht der Nacken gebeugt wurde von dem Priester der Kirche vor dem Herrn der Felder? Und gibt es eine Frau unter Euch, die nicht von dem Herrn der Felder getadelt wurde mit dem Hinweis, die Lehren des Priesters besser zu befolgen?

Ihr habt erfahren, daß Gott zum ersten Menschen sagte: Im Schweiße deines Angesichts sollst du dein Brot essen. Warum aber ißt Scheich Abbas Brot, das mit dem Schweiß Eurer Stirnen gebacken wurde, und warum trinkt er Wein, der mit Euren Tränen gekeltert wurde? Hat Gott diesen Menschen besonders ausgezeichnet und ihn zum Herrscher erkoren im Schoß seiner Mutter? Oder hegte er Zorn gegen Euch – unbekannter Vergehen wegen – und sandte Euch als Sklaven in dieses Leben, um die Ernte der Felder einzuholen und selbst Dornen zu essen; um prächtige Paläste zu bauen und selbst in Hütten zu wohnen, die jeden Augenblick zusammenbrechen können?

Ihr habt gehört, daß Jesus der Nazarener zu seinen Jüngern sagte: Umsonst habt Ihr erhalten, umsonst sollt Ihr weitergeben! Tragt weder Silber und Gold noch Kupfer in Euren Gürteln! Welche Lehre hat es dann den Priestern und Mönchen erlaubt, Ihre Gebete und Ihren Trost gegen Geld und Gold zu verkaufen? Ihr betet in der Stille der Nächte: Herr, gib uns unser tägliches Brot! Und Gott schenkte Euch diese Erde, damit sie Euch genügend Brot gebe. Haben die Äbte der Klöster etwa eine Sondererlaubnis erhalten, Euch das Brot aus Euren Händen zu reißen?

Ihr verflucht Judas, weil er seinen Meister gegen Geld verkaufte. Warum aber ehrt Ihr diejenigen, die ihn jeden Tag in Ihrem Leben verkaufen? Der unglückliche Judas hat seine Schuld bereut und sich erhängt. Sie aber gehen vor Euch her mit erhobenen Häuptern und in langen, kostbaren Gewändern, mit Ketten aus Gold und wertvollen Ringen. Ihr lehrt Eure Kinder die Liebe zu Jesus dem Nazarener. Warum aber lehrt Ihr sie, sich jenen zu unterwerfen, die ihn hassen und seinen Lehren und Gesetzen zuwiderhandeln? Ihr wißt, daß die Jünger getötet oder gesteinigt worden sind, damit in Euch der Heilige Geist lebe. Wißt Ihr auch, daß die Mönche und Priester Euren Geist töten, damit sie leben, Eure Güter genießen und sich weiden am Klirren Eurer Ketten?

Was bringt Euch dazu, Ihr Unglücklichen, ein Leben der Erniedrigung hinzunehmen und vor einem Götzenbild zu knien, das Angst einflößt, das Lüge und List auf den Gräbern Eurer Väter und Vorväter aufgerichtet haben? Und welchen kostbaren Schatz bewacht Ihr mit Eurer Ergebenheit und Unterwürfigkeit, um ihn Euren Kindern zu vererben?

Eure Seelen sind in der Hand des Priesters und Eure Körper unter der Faust des Gouverneurs; Eure Herzen leben in der Finsternis der Verzweiflung und Unwissenheit. Auf was könnt Ihr in Eurem Leben zeigen, Ihr Entrechteten, und davon sagen: Das gehört uns!

Wißt Ihr, wer der Priester ist, den Ihr fürchtet und den Ihr zum Sachwalter der heiligsten Geheimnisse Eurer Herzen machtet? Ich werde Euch zeigen, was Ihr fühlt und was Ihr Euch auszusprechen fürchtet: Er ist ein Verräter! Die Christen übergeben ihm ein Heiliges Buch, und er macht daraus ein Netz, womit er sich ihre Reichtümer aneignet. – Er ist ein Heuchler! Die Gläubigen haben ihm ein Kreuz anvertraut, und er zückt es wie ein scharfes Schwert und hält es drohend über ihren Köpfen. – Er ist ein Ausbeuter! Die Schwachen halten ihm vertrauensvoll ihren Nacken hin, er aber steckt sie in eine Schlinge, die er fest anzieht. Mit eiserner Hand hält er sie im Zaum und läßt sie nicht mehr los bis zu dem Tag, an dem sie wie Ton zusammenbrechen und sich wie Asche zerstreuen.

Auch ist er wie ein reißender Wolf, der im Schafsfell in die Herde eindringt; der Hirte schläft ruhig ein, denn er hält ihn für ein Schaf. Aber wenn die Dunkelheit der Nacht anbricht, stürzt er sich auf die Schafe und erwürgt sie – eines nach dem anderen.

Unersättlich ist er: die mit Speisen gefüllten Tische schätzt er bei weitem mehr als die Altäre der Tempel. Und außerdem ist er habgierig: für einen Dinar geht er bis in die Grotten der Dschinne; das Blut der Gläubigen saugt er aus, wie der Wüstensand die Regentropfen aufsaugt. Er ist geizig: selbst mit seinem Atem haushaltet er; und alles, was er nicht braucht, hortet er und legt es auf die hohe Kante. Er ist ein Schwindler, der durch die Risse der Mauer ins Haus eindringt und es nur nach seiner Zerstörung verläßt. Sein Herz ist aus Stein: Er nimmt der Witwe den letzten Dirham und dem Waisen die Münze ab.

Der Priester ist eine seltsame Kreatur: er hat den Schnabel des Adlers, die Krallen eines Tigers, die Zähne einer Hyäne und die Haut einer Natter. Nehmt ihm sein Buch, zerreißt ihm sein Gewand, zupft ihn am Bart, macht mit ihm, was Ihr wollt, dann kehrt zurück und legt ihm einen Dinar in die Hand, und er vergibt Euch lächelnd. Ohrfeigt ihn, bespuckt oder tretet ihn, dann ladet ihn an Euren Tisch ein, und er wird alles vergessen. Zufrieden wird er seinen Gürtel lockern, um seinen Magen mit Euren Speisen und Getränken zu füllen. Schmäht den Namen seines Herrn, verwerft seine Lehren oder spottet über seinen Glauben, dann schickt ihm einen Krug Wein oder einen Korb Früchte, und er wird Euch verzeihen und Euch segnen vor Gott und den Menschen.

Er sieht eine Frau und wendet sein Gesicht ab, indem er mit lauter Stimme sagt: Entferne dich von mir, Tochter Babels! Aber insgeheim denkt er: Die Heirat ist doch besser als die brennende Begierde! Wenn er Jünglinge und junge Mädchen sieht, die sich im Reigen der Liebe bewegen, erhebt er seine Augen zum Himmel und spricht: Trug, nichts als Trug! Alles unter der Sonne ist Eitelkeit! Dann zieht er sich zurück und seufzt: Mögen die Gesetze vergehen und die Traditionen schwinden, die mich von den Freuden des Lebens ausschließen!

Aus seinem Heiligen Buch zitiert er den Menschen: Richtet nicht, damit Ihr nicht gerichtet werdet! Er aber urteilt mit Strenge, und alle, die über seine Widersprüchlichkeiten spotten, schickt er in die Hölle, bevor sie aus diesem Leben gerufen wurden. Er spricht zu Euch, indem er die Augen von Zeit zu Zeit zum Himmel erhebt, doch sein Denken kreist nur um Eure Taschen. Er nennt Euch seine Kinder und seine Söhne, doch er kennt kein väterliches Gefühl. Seine Lippen lächeln nicht beim Anblick eines Säuglings, und er trägt kein Kind auf seinen Armen.

Während er seinen Kopf ergeben neigt, fordert er Euch auf: Befreit Euch von allem Weltlichen, denn Euer Leben vergeht wie der Nebel, und Eure Tage zerrinnen wie der Schatten! Wenn Ihr ihn aber gut beobachtet, werdet Ihr sehen, wie er sich an die Rockzipfel des Lebens klammert, wie er den Abschied vom Gestern bedauert und die Geschwindigkeit des Heute beklagt.

Er bittet Euch um Spenden und ist selbst reicher als Ihr. Wenn Ihr seine Bitten erfüllt, segnet er Euch in der Öffentlichkeit, erfüllt Ihr sie aber nicht, verflucht er Euch insgeheim. In der Kirche vertraut er Euch die Armen und Bedürftigen an, doch vor seinem Haus schreien die Hungernden umsonst, und die Armen strecken umsonst ihre Hände aus; er hört und sieht sie nicht... Er verkauft das Gebet, und wer es nicht kauft, ist ein Ungläubiger vor Gott und den Propheten und ausgestoßen aus dem Paradies.

Das ist das Idol, das Ihr fürchtet: der Mönch, der Euch

Tage und Nächte. Warum umgebt Ihr sie aber mit Asche, so daß sie ersticken?

Gott hat Euren Seelen Flügel verliehen, auf daß sie sich damit in den Himmel der Freiheit und Liebe erheben. Warum schneidet Ihr sie ab und kriecht wie Insekten auf der Erdoberfläche?

Gott hat Samen des Glückes in Eure Herzen gesät. Warum entfernt Ihr die Samenkörner aus Eurem Innern und legt sie auf den Felsen, damit die Adler sie auflesen und die Winde sie zerstreuen?

Gott schenkte Euch Söhne und Töchter, damit Ihr sie auf den Weg der Wahrheit führt und ihnen als kostbarsten Schatz die Freude und die Freiheit vererbt. Ihr aber hinterlaßt sie leblos in den Händen der neuen Zeit als Fremde auf ihrer eigenen Erde und als Unglückliche vor dem Angesicht der Sonne! Der Vater, der seinen freien Sohn als Sklaven zurückläßt, gleicht er nicht dem Vater, der seinem Sohn einen Stein gibt, wenn er ihn um Brot bittet?

Habt Ihr nicht gesehen, wie die Vögel der Felder ihre Kleinen das Fliegen lehren? Warum bringt Ihr Euren Kindern bei, ein Joch und Fesseln zu tragen? Habt Ihr nicht gesehen, wie die Blumen der Täler ihre Samenkörner der Wärme der Sonne anvertrauen? Wie könnt Ihr Eure Kinder der Kälte und Dunkelheit aussetzen?

Khalil schwieg einen Augenblick, als ob die Gedanken dazu in solcher Fülle auf ihn einstürmten, daß er sie gar nicht alle in Worte kleiden konnte. Zusammenfassend sagte er: Diese Worte, die Ihr am heutigen Abend gehört habt, sind der Grund dafür, weshalb die Mönche mich aus dem Kloster vertrieben haben; und der Geist der Worte, dessen Schwingungen Eure Herzen erreichte, stellt das Vergehen dar, für das ich festgenommen und gefesselt wurde. Und wenn der Herr Eurer Felder und der Priester Eurer Gemeinde mich nun töten lassen, werde ich glücklich sterben, denn dadurch, daß ich Euch die Wahrheit zeigen durfte, hat sich der Wille meines und Eures Schöpfers erfüllt.

Die Überzeugungskraft und Begeisterung, mit der Khalil gesprochen hatte, ließ die Herzen der Männer erzittern, die ihn mit Erstaunen und Bewunderung anblickten wie Blinde, die plötzlich ihr Augenlicht zurückgewinnen. Und der sanfte Klang seiner Stimme hatte es bewirkt, daß die Frauen ihn mit tränennassen Augen ansahen. Scheich Abbas aber und der Priester Elias bebten vor Zorn und wanden sich, als lägen sie auf einem Lager aus Dornen.

Zu wiederholten Malen hatten sie versucht, den Jüngling am Weitersprechen zu hindern, doch sie hatten es nicht vermocht, denn Khalil hatte zu der Menge gesprochen wie der Prophet einer göttlichen Macht, die dem Sturm gleicht in seiner Kraft und der Brise in seiner Sanftheit.

Und als Khalil seine Rede beendet hatte, trat er einen Schritt zurück und stellte sich zwischen Rachel und Miriam. Es herrschte eine tiefe Stille, als ob seine Seele über ihnen schwebte, die Gedanken und Blicke der Menge anzöge und die Willenskraft des Scheichs und des Priesters lähmte, die beide vor dem Schatten ihres aufgewühlten Gewissens zitterten.

Nach einer Weile erhob sich Scheich Abbas, sein Gesicht war bleich. Mit grober Stimme schalt er die Diener, die um ihn herumstanden: Was ist los mit Euch, Ihr Hunde? Sind Eure Herzen schon vergiftet, ist das Leben in Euch erstarrt? Seid Ihr nicht imstande, diesen geschwätzigen Ketzer zu zerreißen? Hat Euch dieser Teufel behext und mit seiner höllischen Magie Eure Arme gefesselt? Warum ergreift Ihr ihn nicht und schlagt ihn nicht nieder?

Bei diesen Worten zückte er ein Schwert, das sich in seiner Nähe befand, und stürzte sich damit auf den gefesselten Jüngling, um ihn zu erschlagen. Doch ein Mann aus dem Volk kam ihm noch rechtzeitig zuvor und sagte ruhig zum Scheich: Leg das Schwert an seinen Platz zurück,

Herr, denn wer das Schwert nimmt, wird durch das Schwert umkommen!

Da zitterte Scheich Abbas; das Schwert fiel aus seiner Hand, und er rief: Stellt sich der schwache Diener seinem Herrn entgegen, der ihm stets seine Gunst erwiesen hat?

Der Mann entgegnete ihm: Der treue Diener beteiligt sich nicht am Unrecht seines Herrn. Dieser Jüngling hat nichts als die Wahrheit gesagt!

Ein anderer Mann trat vor und sagte: Dieser Jüngling hat nichts getan, was zu verurteilen wäre. Warum verfolgst du ihn?

Eine Frau rief: Er hat weder die Religion noch den Namen Gottes geschmäht. Warum nennst du ihn einen Ketzer und Ungläubigen?

Rachel nahm allen Mut zusammen, trat vor und sagte: Dieser Jüngling spricht in unser aller Namen, und er leidet an unserer Statt. Wer ihm Böses zufügt, tut es auch uns, und wer sein Feind ist, ist auch unser Feind!

Wutentbrannt unterbrach Scheich Abbas sie: Und du lehnst dich auch auf, du schamlose Witwe! Hast du vergessen, wie es deinem Mann erging, als er sich vor fünf Jahren gegen mich auflehnte?

Da stöhnte Rachel, als sie diese Worte hörte – wie jemand, der ein furchtbares Geheimnis begriffen hat. Dann wandte sie sich an die Menge und rief: Habt Ihr gehört, wie der Mörder in der Stunde des Zorns sein Verbrechen zugibt? Erinnert Ihr Euch noch, wie man meinen Mann tot in den Feldern aufgefunden hat, wie Ihr nach dem Mörder suchtet und ihn nicht finden konntet, weil er sich hinter diesen Mauern versteckte? Wißt Ihr noch, wie furchtlos und mutig mein Mann war? Habt Ihr ihn nicht Scheich Abbas' gotteslästerliche Taten kritisieren hören und miterlebt, wie er sich gegen seine Unterdrückung auflehnte?

Der Himmel hat den Mörder Eures Nachbarn und Bruders entlarvt! Er hat ihn hier vor Euch ein Geständnis ablegen lassen! Schaut ihn Euch an und lest sein Verbrechen auf seinem fahlen Gesicht! Seht, wie er es mit seinen Händen bedeckt, um Euren Blicken auszuweichen! Seht, wie ängstlich und unruhig er ist! Euer Herr und Meister zittert wie ein geknicktes Rohr! Der mächtige Mann fürchtet sich vor Euch wie der schuldige Knecht! Gott hat Euch rechtzeitig die verborgene Schuld dieses Mörders offenbart. Er hat Euch die verbrecherische Seele dieses Mannes gezeigt, der mich zur Witwe unter Euren Frauen machte und meine Tochter zur Waisen unter Euren Töchtern.

Während Rachel auf diese Weise in die Menge rief und ihre Worte wie Blitze auf das Haupt des Scheich Abbas' schleuderte, während das Rufen der Männer und das Seufzen der Frauen wie schwefliger Feuerbrand um sein Gehirn wogte, erhob sich der Priester Elias, nahm den Scheich bei der Hand und führte ihn zu seinem Sitz zurück. Dann sagte er mit zitternder Stimme zu den Knechten: Ergreift diese Frau, die Euren Herrn in falschen Verdacht bringt! Bringt sie zusammen mit dem Ungläubigen in ein finsteres Verlies! Und wer sich Euch widersetzt, ist ihr Komplize und wie sie aus der heiligen Kirche ausgestoßen!

Die Diener bewegten sich nicht von ihren Plätzen und leisteten dem Befehl keine Folge. Sie blickten vielmehr den gefesselten Jüngling an und Rachel und Miriam, die zu seiner Rechten und Linken standen wie Flügel, mit deren Hilfe er sich über den Nebel erheben konnte.

Der Priester rief außer sich vor Zorn: Leugnet Ihr die Gunst Eures Herrn, Ihr Undankbaren? Verratet Ihr ihn wegen eines ungläubigen Verbrechers und einer schamlosen, lügenhaften Frau?

Der Älteste der Diener erwiderte: Wir haben Scheich Abbas gedient und von ihm unser Brot erhalten; aber wir waren niemals seine Sklaven. Er zog seine Abaya* und Kufiya** aus und warf sie Scheich Abbas vor die Füße, indem er fortfuhr: Ich möchte nicht, daß mein Körper von diesem unwürdigen Gewand profitiert und meine Seele Schaden nimmt im Hause dieses Mörders!

Alle Diener taten es ihm nach, und sie mischten sich unter die Bauern, während man auf ihren Gesichtern den Ausdruck der Befreiung wahrnehmen konnte.

Als der Priester das sah, wußte er, daß seine Autorität untergraben war. Er verließ den Palast und verfluchte die Stunde, die Khalil in dieses Dorf gebracht hatte.

Da trat ein Mann aus der Menge hervor und nahm Khalil die Fesseln ab. Er warf einen Blick auf Scheich Abbas, der schlaff und wie ein lebloser Körper auf seinem Sitz saß, und sagte zu ihm: Der Jüngling, den du gefesselt vorführen ließest, um ihn wie einen Verbrecher zu verurteilen, hat unsere Augen geöffnet, unsere Herzen aufgeklärt und uns den richtigen Weg gezeigt; und die Witwe, die du schamlos und lügenhaft nanntest, hat uns das furchtbare Geheimnis aufgedeckt, das fünf Jahre lang verborgen blieb. Wir kamen hierher geeilt, um den Unschuldigen zu richten und den Gerechten zu verfolgen. Hingegen wurde uns dein schreckliches Verbrechen und deine Ungerechtigkeit offenbart. Wir lassen dich nun allein und richten dich nicht. Wir werden uns weder über dich beschweren noch werden wir dich überhaupt beachten. Wir werden uns von dir entfernen und den Himmel bitten, mit dir nach seinem Willen zu verfahren.

In der Menge wurden Stimmen laut; eine von ihnen rief: Kommt, verlassen wir diesen Ort des Frevels und der Sünde und gehen wir in unsere Häuser zurück!

* weiter Umhang
** Kopfbedeckung aus einem viereckigen Tuch, das diagonal gefaltet und unter einem Kopfring getragen wird.

Ein anderer schlug vor: Kommt, folgen wir dem Jüngling in das Haus der Witwe Rachel, um noch mehr von seiner Weisheit zu hören!

Wieder ein anderer fügte hinzu: Laßt uns tun, was Khalil uns sagt! Er kennt unsere Bedürfnisse besser als wir!

Da rief einer: Wenn wir gerecht sein wollen, gehen wir morgen zum Emir Amin und erzählen ihm von den Vergehen des Scheich Abbas, damit er ihn richte!

Ein anderer riet: Wir sollten den Emir bitten, Khalil zu seinem Stellvertreter zu ernennen!

Und wieder ein anderer sagte: Wir müssen den Priester Elias bei seinem Bischof anzeigen, denn er war der Komplize der Vergehen von Scheich Abbas!

Während sich diese Stimmen von allen Seiten erhoben und wie spitze Pfeile das klopfende Herz von Scheich Abbas trafen, hob Khalil seine Hand und brachte die Menge damit zum Schweigen; dann sagte er: Hört und überlegt, Brüder, und seid nicht voreilig! Im Namen der Liebe bitte ich Euch, nicht zum Emir zu gehen! Er wird Euch nicht Recht geben gegen den Scheich, denn ein Raubvogel sticht dem anderen nicht die Augen aus! Und klagt den Priester nicht bei seinem Bischof an, denn dieser weiß, daß ein Haus, in dem man untereinander uneins ist, bald zusammenstürzt! Verlangt auch nicht beim Emir, mich zu seinem Gouverneur in diesem Dorf zu bestimmen, denn der treue Diener will kein Instrument ungerechter Herrscher sein. Wenn ich Eurer Liebe und Sympathie würdig bin, dann ladet mich ein, bei Euch zu wohnen und Eure Freuden und Leiden im Leben zu teilen, an Euren Arbeiten auf den Feldern teilzunehmen und an Eurem Feierabend in Euren Häusern, denn wenn ich nicht bin wie einer von Euch, werde ich wie diese Heuchler werden, die die Tugend predigen und das Böse tun.

Und jetzt, wo ich die Axt an die Wurzel des Stammes angelegt habe, wollen wir gehen und Scheich Abbas allein vor dem Richterstuhl seines Gewissens zurücklassen vor dem Thron Gottes, der seine Sonne aufgehen läßt über Gute und Böse. Er verließ den Palast, und die Menge folgte ihm. Der Scheich blieb allein zurück wie ein zerstörter Turm, und er litt wie ein besiegter General.

Als die Menge den Kirchplatz erreichte, war der Mond aufgegangen und goß seine silbernen Strahlen in den Himmel und auf die Erde. Khalil schaute sich um und sah die Blicke der Männer und Frauen wie die Blicke von Schafen auf sich gerichtet, die zu ihrem Hirten aufblicken. Seine Seele war bewegt, denn er sah in diesen armen Bauern das Symbol des unterdrückten Volkes, und in diesen bescheidenen schneebedeckten Hütten erblickte er das Symbol des Landes, das in Erniedrigung und Verachtung versunken war. Er hielt an und stand wie ein Prophet vor ihnen, der die Schreie der Epochen vernimmt. Seine Miene veränderte sich und seine Augen weiteten sich, als ob seine Seele alle Nationen des Orients erblickte, wie sie durch die Täler zogen und die Ketten der Sklaverei hinter sich herschleppten. Er hob seine Hände zum Himmel, und mit einer Stimme, die dem Rauschen des Meeres glich, rief er: Aus den Tiefen der Tiefe rufen wir zu dir, Freiheit, höre uns! Von allen Seiten dieser Finsternis erheben wir unsere Arme zu dir, sieh uns an, o Freiheit! Auf diesem Schnee werfen wir uns anbetend vor dir nieder, hab Erbarmen mit uns!

Vor deinem Thron versammeln wir uns, angetan mit den Gewändern unserer Väter, befleckt mit ihrem Blut, unsere Häupter mit dem Staub ihrer Gräber bestreuend, der ihre Überreste enthält. Schwerter und Lanzen tragen wir, die in ihre Herzen gebohrt wurden. Wir schleppen die Ketten hinter uns her, die ihre Fesseln zerschunden haben, und wir wiederholen den Schrei, der ihre Kehlen zerriß. Wir stoßen die gleichen Seufzer aus, mit denen sie die Finsternis ihrer Gefängnisse füllten, und wir sprechen die Gebete, die aus den Leiden ihrer Seelen geboren wurden. Neige dich zu uns, Freiheit, und höre uns!

Von der Quelle des Nils bis zur Mündung des Euphrats steigt das Wehklagen der Herzen und der Schrei aus dem Abgrund zu dir auf. Vom Saum der saudischen Halbinsel bis zur Stirn des Libanon strecken sich die Hände zu dir aus, zitternd in der Agonie des Todes. Von den Ufern des Golfs bis an den Rand der Wüste erheben sich zu dir die Augen, in denen sich die Verzweiflung der Herzen spiegelt. Wende dich zu uns, Freiheit, und sieh uns an!

In den Winkeln unserer Hütten, die im Schatten der Armut errichtet wurden, klopfen wir an unsere Brust, im Schatten der Unwissenheit verharrend, wenden wir uns zu dir; in unseren Häusern sitzend, die durch den Nebel der Unterdrückung und durch Willkür verhüllt sind, sehnt sich unser Geist nach dir, o Freiheit, blicke auf uns herab und hab Erbarmen mit uns!

In den Schulen und Büros verlangt eine unglückliche Jugend nach dir! In den Kirchen und Moscheen streben die vergessenen heiligen Bücher nach dir, und in den Gerichten und Verwaltungen ruft das vernachlässigte Gesetz nach dir! Hab Mitleid mit uns, Freiheit, und erlöse uns von der Knechtschaft!

In unseren engen Straßen verkauft der Kaufmann seine Zeit, um den Erlös den Dieben aus dem Westen zu zahlen, und da ist niemand, der ihn berät. Unsere unfruchtbaren Felder bewirtschaftet der Bauer mit seinen Händen; er sät die Körner seines Herzens in die Erde, die er mit seinen Tränen begießt. Doch er erntet nichts als Dornen. Und da gibt es niemanden, der ihn belehrt. Über den trockenen Sand geht hungrig der Beduine, unbekleidet und mit nackten Füßen, und es gibt niemanden, der Mitleid mit ihm hat.

Unsere Schafe fressen Dornen und Stacheln statt Blumen und Gras. Unsere Kälber nähren sich von den Wurzeln der Bäume statt von Mais, und unsere Pferde bekommen Stroh statt Gerste als Futter.

Seit Anbeginn der Zeit breitet sich die Dunkelheit der Nacht über uns aus. Wann erscheint endlich die Morgenröte? Unsere Körper werden von einem Gefängnis ins andere verpflanzt, und die Jahrhunderte gehen vorüber und verspotten uns. Wie lange noch sollen wir den Spott und die Verachtung ertragen? Unseren Nacken wird ein Joch nach dem anderen aufgebürdet, und eins ist schwerer als das andere, und die Nationen der Erde, die von weitem zusehen, machen sich über uns lustig. Wie lange noch müssen wir den Hohn der Nationen ertragen? Unsere Füße bewegen sich von einer Fußangel zur anderen. Wie lange noch werden wir so weiterleben?

Von der Knechtschaft Ägyptens über die Gefangenschaft Babylons zur Gewaltherrschaft der Perser und von der Sklaverei der Afrikaner über den römischen Despotismus und die Grausamkeit der Mongolen bis zur Habgier der Franzosen bewegt sich unsere Geschichte. Wohin gehen wir jetzt und wann erreichen wir den Gipfel des entbehrungsreichen Aufstiegs?

Von der Gewaltherrschaft der Pharaonen zu der des Nebukadnezar, von der Unterdrückung Alexanders zu der des Herodes, von der Faust des Nero in den Griff des Teufels gerieten wir. In welche Gewalt werden wir noch gezwungen? Wann gelangen wir in die Hände des Todes, damit wir uns ausruhen im Schweigen des Nichts?

Mit unseren Armen errichteten sie die Säulen und Tempel und die Kultstätten zur Ehre ihrer Götter, auf unseren Rücken schleppten sie die Steine herbei, um die Festungen und Türme zu erbauen, und mit der Kraft unserer Körper bauten sie die Pyramiden, um ihre Namen unsterblich zu machen. Wie lange noch werden wir Paläste und Schlösser bauen und selbst in Hütten und Höhlen wohnen? Wie lange noch werden wir Speicher, Scheunen und Schränke füllen und selber nichts anderes als Lauch und Knoblauch essen? Wie lange noch werden wir Seide und Wolle weben und selber zerlumpte und zerschlissene Gewänder tragen?

Mit Heuchelei und List haben sie einen Stamm vom anderen getrennt, eine Konfession der anderen entfremdet und zwischen den Volksgruppen Haß gesät. Wie lange noch werden wir uns zerstreuen wie die Asche vor dem Sturm, und bis wann ringen wir wie hungrige Löwenjunge um eine verwesende Leiche?

Um ihre Throne zu halten, bewaffneten sie den Drusen und schickten ihn gegen den Araber in den Kampf, den Schiiten ließen sie gegen den Sunniten ins Feld ziehen, den Kurden unterstützten sie gegen den Beduinen, und den Mohammedaner wiegelten sie gegen den Christen auf. Wie lange noch wird der Bruder seinen Bruder bekämpfen an der Brust seiner Mutter, und wie lange noch droht der Nachbar dem Nachbarn am Grab der Geliebten? Wie lange noch entfernt sich das Kreuz vom Halbmond vor den Augen Gottes?

Höre, o Freiheit, und erhöre uns! Wende dich zu uns, du Mutter der Erdenbewohner, und sieh uns an! Wir sind nicht Kinder der Nebenfrau! Sprich durch den Mund eines einzigen von uns, denn eine einzige Flamme genügt, um das trockene Stroh in Brand zu setzen! Erwecke mit dem Rascheln deiner Flügel einen einzigen unserer Männer, denn aus einer Wolke bricht der Blitz hervor, und in einem Augenblick erhellt er die Gipfel der Berge. Zerstreue die schwarzen Wolken, fahre hernieder wie der Blitz und zerstöre die Throne, die auf unseren Knochen und Schädeln errichtet wurden und mit dem Gold der Bestechung und Steuern bedeckt sind.

Höre uns, o Freiheit, und erhöre uns! Erbarme dich unser, Tochter Athens! Du Schwester Roms, befreie uns! Erlöse uns, du Begleiterin des Moses! Hilf uns, Geliebte Muhammads! Lehre uns, Braut Jesu! Stärke unsere Herzen, damit wir leben, oder verstärke die Kraft unserer Feinde, damit sie uns vernichten und wir in Frieden ruhen!

So sprach Khalil mit dem Himmel, und die Blicke der Bauern waren auf ihn gerichtet – ihre Gefühle in seine Stimme verströmend und ihre Seelen in seine Seufzer –, und ihre Herzen schlugen zusammen mit seinem Herzen, als ob er in dieser Stunde einer von ihnen geworden wäre, die Verkörperung des Geistes, der sie zusammenhielt.

Als er die Zwiesprache mit dem Himmel beendet hatte, wandte er sich an sie und sagte: Diese Nacht hat uns im Hause des Scheich Abbas zusammengeführt, um das Licht des Tages zu erwarten. Das Unrecht ließ uns unter diesem Firmament anhalten, um uns zu vereinen – wie junge Vögel – unter den Flügeln des ewigen Geistes.

Laßt uns nun nach Hause gehen, um uns auszuruhen und den Morgen zu erwarten, der uns neue Begegnungen schenkt. Und er folgte Rachel und Miriam in ihre Hütte. Die Menge verstreute sich. Ein jeder ging heim, darüber nachdenkend, was er gesehen und gehört hatte, und jeder von ihnen spürte die Berührung eines neuen Lebens im Innersten seiner Seele.

Eine Stunde war kaum vergangen, da waren die Öllampen in den Hütten verloschen, und die Stille lag wie eine Decke über dem Dorf. Die Träume trugen die Seelen der Bauern hinweg, die sich allmählich von Scheich Abbas lösten. Nur Scheich Abbas wachte in dieser Nacht, von Angst und Gewissensbissen geplagt.

8

Zwei Monate vergingen, in denen Khalil damit beschäftigt war, die Geheimnisse seines Geistes in die Herzen der Bauern zu pflanzen. Täglich beantwortete er ihre Fragen und erzählte ihnen von ihren Rechten und Pflichten. Zum besseren Verständnis erleuchtete er seine Worte mit anschaulichen Beispielen aus seinem Leben bei den Mönchen, und er stellte so einen starken Zusammenhalt her zwischen sich und ihnen. Und die Bauern lauschten ihm mit einer Freude, welche die Freude der trockenen Felder über den herabströmenden Regen noch übersteigt. Sie wiederholten sich seine Worte in ihrer Einsamkeit und verliehen seinen Wünschen und Zielen durch ihre Liebe eine Form. Keiner beachtete den Priester Elias, der ihnen schmeichelte und zu Gefallen redete seit der Entdeckung des Verbrechens seines Verbündeten. Er verhielt sich ihnen gegenüber nachgiebig wie eine Kerze, nachdem er früher hart wie Marmor gewesen war.

Scheich Abbas litt seitdem an einer Geisteskrankheit. Wie ein Tiger ging er in seiner Säulenhalle hin und her und auf und ab und rief mit lauter Stimme nach seinen Dienern; doch keiner antwortete ihm außer den Mauern. Und er rief laut um Hilfe, aber keiner eilte herbei außer seiner armen Frau, die unter seinem groben Charakter ebenso gelitten hatte wie die Dorfbewohner. Und als die Zeit des Fastens anbrach und der Himmel das Nahen des Frühlings ankündigte, da ging zusammen mit dem Ende von Sturm und Schnee auch die Lebenszeit des Scheich Abbas zu Ende. Er starb nach langer, leidvoller Agonie, und seine Seele erhob sich auf dem Teppich seiner Werke, um vor dem Thron Gottes zu erscheinen, dessen Existenz wir nicht sehen, aber fühlen. Die Meinung der Bauern über den Grund seines Todes war unterschiedlich: ein Teil von ihnen glaubte, daß er an seinem Wahnsinn gestorben sei; andere meinten, daß die Verzweiflung über seine verlorene Macht sein Leben vergiftet und er seinem Leben selber ein Ende gemacht habe. Doch die Bäuerinnen, die seine Frau besucht hatten, um sie zu trösten, erzählten ihren Männern, daß er aus Angst gestorben sei, denn der weise

Semaan ar-Rami sei ihm in seinen blutbefleckten Kleidern erschienen und habe ihn um Mitternacht zu dem Ort geführt, wo man ihn vor fünf Jahren tot aufgefunden hatte.

★

Die Tage des April verkündeten den Bewohnern jenes Dorfes das Geheimnis der Liebe, das die Seelen von Khalil und Miriam verband. Ihre Gesichter leuchteten vor Freude, und ihre Herzen tanzten vor Glück. Die Bauern fürchteten nun nicht mehr, daß sie der Jüngling eines Tages verlassen könnte, der ihre Herzen geweckt und ihren Horizont vergrößert und erweitert hatte. Überall verbreitete sich die gute Nachricht, daß er ihr Nachbar sein werde und der geliebte Schwager eines jeden von ihnen.

Und als die Zeit der Ernte kam, da gingen die Bauern auf die Felder, sammelten das Korn und brachten es auf die Tenne. Scheich Abbas war nicht da, um die Ernte gewaltsam an sich zu nehmen und sie in seinen Speichern anzuhäufen. So erhielt ein jeder den Ertrag des Feldes, das er angebaut hatte, und die Hütten füllten sich mit Korn und Mais, mit Öl und Wein.

Khalil aber teilte mit ihnen ihre Freuden und Spiele und ihre Arbeit: er half ihnen, die Ernte einzubringen und die Weintrauben zu pressen, und er unterschied sich in nichts von ihnen außer durch seine Liebe und seinen Eifer.

Von diesem Jahr an bis zu unserer Zeit bewirtschaftet jeder Bauer in diesem Dorf mit Freude das Feld, das ihm anvertraut ist, und voll Befriedigung erntet er die Früchte seiner Arbeit. Das Land und die Weingärten gingen in den Besitz desjenigen über, der sie hegte und pflegte.

Und nun, nachdem ein halbes Jahrhundert seit diesem Ereignis vergangen ist, in dem die Augen der Libanesen geöffnet wurden, kommt der Reisende auf seinem Weg zum Zedernhain an diesem Dorf vorbei. Er hält staunend an und bewundert die Schönheit dieses Dorfes, das wie eine junge Braut am Berghang liegt. Er stellt fest, daß aus den Hütten schöne Häuser wurden, umgeben von fruchtbaren Feldern und blühenden Gärten.

Wenn er dann einen Bewohner nach der Geschichte des Scheich Abbas fragt, wird dieser auf die Steine zerstörter Mauern zeigen und sagen: Das ist der Palast des Scheich Abbas und zugleich die Geschichte seines Lebens. Und wenn er ihn nach Khalil fragt, wird er mit der Hand nach oben zeigen und sagen: Dort wohnt unser guter Khalil! Aber die Geschichte seines Lebens wurde uns von unseren Vätern mit leuchtenden Buchstaben auf die Seiten unserer Herzen geschrieben und weder die Tage noch die Nächte werden sie auslöschen.